Der Krebs ist nur ein Schalentier

Für Diana
danke für deine Unterstützung in dieser Zeit

Sobald die Kosten für dieses Buch eingespielt sind, gehen 10% meiner Einnahmen je zur Hälfte an die Organisation Lachen hilft heilen und das Kinderhospiz Löwenherz

Tobias Dresen

Der Krebs ist nur ein Schalentier

Bibliografische Information der Deutschen Nationalbibliothek:
Die Deutsche Nationalbibliothek verzeichnet diese Publikation
in der Deutschen Nationalbibliografie; detaillierte bibliografische
Daten sind im Internet über http://dnb.dnb.de abrufbar.

© 2016 Tobias Dresen
Illustration: Franziska „Feric" Rauch
Textauszug „Wenn nicht jetzt, wann dann" © mit freundlicher
Genehmigung Vogelsang Musikverlag; Text & Musik: R. Rudnik, H.
Schöner, J.-P. Fröhlich, H. Krautmacher, P. Werner, Jens Streifling, sowie Texter: H. Böll Album: „6:0" www.hoehner.com
Textauszug „Die Ballade vom kleinen, schwarzen Schmetterling"
Album: :Duett (Der schwarze Schmetterling II) © mit freundlicher
Genehmigung Gothic Novel Rock Records und ASP:
www.aspswelten.de
Herstellung und Verlag: BoD – Books on Demand, Norderstedt

ISBN: 978-3-7412-2406-76

Inhaltsverzeichnis

1 Die Diagnose...11
   1.1 Und auf einmal hast du Krebs 11
   1.2 So begann es...13
   1.3 Wer war ich zu dem Zeitpunkt?...........................16
   1.4 Die Bestätigung..21
   1.5 Der Abschied von den Gesunden........................27
   1.6 Interview mit Lars 34
   1.7 Interview mit Johannes..46

2 Operation und Chemotherapie.....................................55
   2.1 Heim auf Zeit..55
   2.2 Die Hiobs-Botschaft...57
   2.3 Der Tag an dem ich operiert wurde......................59
   2.4 Zum zweiten Mal unters Messer..........................66
   2.5 Ein Telefonat im Krankenhaus.............................68
   2.6 Der Besuch..71
   2.7 Der erste Zyklus der Chemotherapie...................73
   2.8 Neue Frisur..75
   2.9 Eine Begegnung..77
   2.10 Bettnachbarn und Besuche...............................79
   2.11 Der 2. Zyklus der Chemotherapie - Visiten...........83
   2.12 Interview mit einer Krankenschwester................85
   2.13 Interview mit Manuela.......................................96

3 Die Zeit danach..111
   3.1 Home again..111
   3.2 Einzug der Katzen..116
   3.3 Neue Aktivitäten...121
   3.4 Karriere-Sprung..128
   3.5 Ein schleichender Prozess.................................129
   3.6 Fertilität..131
   3.7 Akzeptanz..133
   3.8 Ein kleines Wunder..140
   3.9 Chronische Nebenwirkungen bei mir.................141
   3.10 Was mir der Krebs über mich erzählt hat........142
   3.11 Die Krebskarte..146

3.12 Interview Simon..148
3.13 Facebook und soziale Medien..........................159
4 Wissenswertes und Anregungen zur Krebstherapie........161
   4.1 Alternativen und Ergänzungen zu Chemotherapie und Bestrahlung..162
   4.2 Spezielle Diäten bei Krebs...................................166
   4.3 Ernährung und Nahrungsergänzung während und nach der Behandlung..174
   4.4 Vitamin B17 (Amygdalin)....................................177
   4.5 Psychoonkologie...178
   4.6 Filme und Serien über den Krebs........................179
   4.7 Buchempfehlungen...185

Vorwort

Danke lieber Krebspatient, danke lieber Angehöriger eines Krebspatienten für dein Interesse an diesem Buch. Danke auch dir, lieber Interessent, wenn du zu keiner der beiden Gruppen gehörst (Glückwunsch, ich wünsche dir, dass dies auch zukünftig so bleibt). Du widmest dich ohne besonderen Grund einem, so scheint es – trotz aller Information und Aufklärung – noch immer, Tabuthema.

Denn seien wir ehrlich, in unserem Alltagsleben schieben wir so was doch gern vor uns her oder noch lieber verdrängen und verleugnen es.
Das ist mitnichten ein Vorwurf. Ich erachte es persönlich geradezu für natürlich und gesund sich eines solchen Themas erst anzunehmen, wenn es für einen selbst mittelbar oder unmittelbar akut wird.
Vor meiner Diagnose im Jahr 2006 war mein Verhalten und meine Einstellung gegenüber dem Thema genau so. Krebs, das kriegen die anderen, aber ich doch nicht.

Annähernd 10 Jahre nach meinem Befund und der erfolgreichen Behandlung ist besagte Situation immer noch präsent. Ob in Gesprächen mit Bekannten, Freunden und Familie, die diese Zeit mit erlebt haben oder neuen Menschen, die in mein Leben treten. Der Krebs ist ein Teil meiner Vergangenheit und hat einen Lebensabschnitt massiv geprägt.

So begab es sich am 07.08.2015, ich war gerade zu Besuch bei meinen Eltern, dass dieses Thema wieder einmal zur Sprache kam. Dabei reifte die Idee zu diesem Buch in mir und nach ein paar Gesprächen war der Entschluss gefasst: Ich wollte eine Mischung aus Erfahrungsbericht und Ratgeber schreiben. Es ist mir bewusst, dass es bereits eine Menge Werke zu diesem Thema gibt. Was ist also an diesem Buch anders?

Diese Buch will Bindeglied sein und den Leser anregen, sich ausführlich zu informieren. Anhand meiner Erlebnisse und Eindrücke aus dieser Zeit, zeige ich Möglichkeiten für den Umgang als Betroffener oder Angehöriger.

Dies ist kein »Das schaffst du schon«-Buch. Du hast eine womöglich tödliche Krankheit und ich kann dir nicht versprechen, dass du geheilt wirst. Was ich dir aber mitgeben möchte, ist der Umgang mit dir selbst in dieser Zeit. Ich möchte, dass du den Mut findest, dich mit deinem aggressiven neuen Freund, der in dir wohnt, auseinanderzusetzen. Du wirst hier auch keine »Helden-Geschichte« finden, sondern eher eine, die meiner Ansicht nach eine Menge an fehlerhaftem Verhalten im Umgang mit dieser Krankheit enthält. An meinen Fehlern wirst du erkennen, was du besser machen kannst, um dich gut durch diese Zeit, die vor dir liegt oder in der du gerade mittendrin bist.

Wie schon erwähnt wirkt Hodenkrebs in der Literatur wie ein Tabuthema. Ich habe bei meinen Recherchen nur wenige Bücher entdeckt, die den Fokus auf diese Krebsart aus Sicht eines Betroffenen lenken.

Dies mag daran liegen, dass es Männer schwerer fällt über ihre Gefühle zu reden geschweige denn, darüber zu schreiben. Noch weniger, wenn es den Bereich rund um ihr bestes Stück betrifft. Dies hat hier seinen Platz gefunden, auch wenn es mir mitunter nicht leicht gefallen ist.

Ein anderer Grund mag sein, dass Hodenkrebs eine der Krebsarten ist, die sich gut therapieren lassen. Immerhin liegt die Heilungschance je nach Alter bei ca. 70% - 90% und darüber hinaus.

Lieber Angehöriger:

Ein Krebspatient reagiert zu weilen anders (lange, bevor er überhaupt weiß, dass er Krebs hat) anders, als du es von ihm gewohnt bist. Das kann je nach Persönlichkeit und den Stressfaktoren höchst unterschiedlich ausfallen. Auf das Warum gehe ich hier in diesem Buch näher ein und auch was ein erdenkbarer Umgang als mittelbar Betroffener damit sein kann. Ich bringe dies ganz bewusst im Konjunktiv zum Ausdruck, da es hier kein Patentrezept gibt. Unsicherheiten sind nichts Schlimmes, sondern ebenfalls ganz normal.

In diesem Buch werde ich auf verschiedene Perspektiven eingehen und eine, die für mich besonders bedeutsam geworden ist, möchte ich hier hervorheben:

Neben den Interviews mit anderen ehemaligen Krebspatienten hatte ich das Glück, dass sich eine Krankenpflegerin zu einem Interview bereit erklärt hat.

Ich habe einen eminenten Respekt vor allen Krankenschwestern und -pflegern. Was diese Berufsgruppe unabhängig von ihrem Einsatzgebiet leistet, verdient einfach in meinen Augen eine immense Anerkennung. Speziell jene, die trotz extremen Schichtwechseln, bisweilen jenseits des Arbeitsschutzgesetzes, ihrer Arbeit mit Herzblut nachgehen und sich nicht nur um das physische sondern auch um das psychische Wohl ihrer Patienten – und sei es nur mit einem liebevollen Lächeln im knapp abgesteckten Zeitplan – kümmern. Oftmals ist ein kurzes Gespräch mit einer Krankenschwester aus Passion heilsamer als jede noch so gute Psychotherapie.

1 Die Diagnose

1.1 Und auf einmal hast du Krebs

RUMS... mit einem Baseballschläger mitten ins Gesicht.
Lässt dein Gefühl sich so umschreiben, als der Arzt dir deine Diagnose mitteilte? Mir ging es so.
Ich verlor mit der Gewissheit, dass in mir eine tödliche Krankheit wütete, wahrhaftig den Boden unter den Füßen. Grade siebenundzwanzig Jahre alt war ich zum erwähnten Zeitpunkt. Die ein oder andere Lebenskrise gemeistert, hatte ich nie über meine Vergänglichkeit nachgedacht. In jenem Moment flüsterte mir das Schicksal zu: Memento mori (bedenke, dass du sterblich bist). Dies verrichtete es gleichzeitig mit einem Knall, dessen Lautstärke die Explosion einer Atombombe übertraf.

Längst hatte ich vermutet, dass es sich um Krebs handelte. Doch bis der Arzt mir meine Vermutung bestätigte, hatte ich die heimliche Hoffnung, dass etwas anderes im Bereich des Möglichen liegen könnte.

Die Krebserkrankung, welche dir aus diesem kunterbunten und variationsreichen Spektrum diagnostiziert wurde kenne ich nicht, daher kann ich nur erahnen, wie es ist, eine weniger gut therapierbare Art als in meinem Fall zu haben. Ich glaube, dass es für jeden ein Gefühl der Ohnmacht ist, wenn man hört »Herzlichen Glückwunsch, Sie haben Krebs!«

In Wahrheit sagt dies der Arzt unter keinen Umständen. Sogar der größte Zyniker würde sich das nicht wagen. Jedoch fühlte es sich für mich so an.

Mit der Bestätigung fiel ich in ein tiefes Loch, in welchem Unmengen an zu groß geratenen, rückwärts laufenden Krustentieren nur darauf warteten, mich mit ihren Scheren zu zerfleischen. Bilder von kahlköpfigen zombieartigen Wesen mit eingefallenen Augenhöhlen und dunklen Augenringen schossen mir durch den Kopf. Davon werde ich bald auch einer sein. Willkommen bei den lebenden Toten. Du bist dem Club so eben beigetreten. Pläne, die ich gemacht hatte, erschienen wie sinnlose Luftschlösser. Woher sollte ich wissen, ob sich Vorhaben jetzt noch lohnten?

1.2 So begann es

Das genaue Datum, an dem ich zum ersten Mal eine Veränderung an mir feststellte, kann ich nicht genau benennen. Es muss Mitte 2005 gewesen sein, als ich unter der Dusche bemerkte, dass mein rechter Hoden etwas größer wirkte als der linke. Ich schenkte dem keine weitere Beachtung, da ich immer wieder von Wachstumsschüben gehört hatte, die auch noch eintreten können, nach dem man eigentlich als ausgewachsen gilt. Wenn das für den gesamten Körper galt, warum nicht auch für einzelne Partien. Vielleicht war es mir bisher auch entfallen, dass meine Hoden hier eine leichte Asymmetrie in der Größe hatten. Und mal ehrlich, welcher Kerl will keine dicken Eier?

Der rechte Hoden wuchs zunächst unmerklich weiter. Nach einer Weile wurde mir bewusst, dass es nicht einfach nur »dicke Eier« waren, sondern, dass sich hier eine unnormale Veränderung anbahnte. Aber ich tat das, was viele Männer tun. Ich ignorierte es.

»Wird wahrscheinlich nur eine Schwellung oder so was sein.« »Der andere wächst sicher auch noch und wenn nicht... naja, es gibt Schlimmeres als zwei ungleiche Hoden.«

Das waren meine Gedanken, mit denen ich mich davon ablenkte, dass es bei dem, was sich in meinem Körper tat, um etwas Ernstes handeln könnte. Ich wollte es nicht wahrhaben.

Der Krebs kam zu einem absolut unpassenden Zeitpunkt. Ich hatte gerade seit einem Jahr einen Job, der mir Spaß bereitete. Dieser war auf zwei Jahre befristet mit der

Aussicht auf eine unbefristete Anstellung, sowie Aufstiegsmöglichkeiten. Das sah jetzt alles andere als rosig aus. Die Vorstellung länger auszufallen und dadurch vielleicht sogar den Arbeitsplatz zu verlieren, machten mir mehr und mehr Angst. Je größer diese Angst wurde, um so mehr verdrängte ich, dass ich womöglich Krebs haben könnte. Doch der Krebs hatte mich nicht vergessen.

»Dort irgendwo ganz tief in mir,
Verbirgt sich dieses alte Tier.
Es ist das Tier, das Sehnsucht heißt,
Das sich durch meinen Körper beißt.
Dort sitzt das Vieh, frisst ganz gelassen,
Ich greife zu, krieg's nicht zu fassen.
Es nagt an meinen Eingeweiden
Und bringt mir unerhörtes Leiden.
Es wütet, kratzt und beißt und kreischt
Und wühlt sich durch mein weiches Fleisch.
Das Vieh, es lässt mir keine Ruh‹.
Ich lock´ es an und greife zu.
»Jetzt hab‹ ich dich! Jetzt bist du mein!
Ich schlage dir den Schädel ein!«
Es hält ganz still und schaut mich an:
»Lass mich doch los, hab nichts getan,
Nein, tu mir nichts! Kann nichts dafür,
Ich bin doch nur ein wildes Tier.«[1]

Das Lied »Die kleine Ballade vom schwarzen Schmetterling« der Gothic-Rockband ASP wurde zwar höchstwahr-

---
1 ASP, Die Ballade vom kleinen schwarzen Schmetterling, Album: :Duett (Der schwarze Schmetterling II) © mit freundlicher Genehmigung Gothic Novel Rock Records und Alexander Spreng,

scheinlich mit einer ganz anderen Intention geschrieben, für mich spiegelt der Text jedoch sehr gut wieder, wie ich den Krebs wahrgenommen habe. Als Krebskranker möchtest du den Tumor aus dir raus reißen, ungeschehen machen und nicht mehr daran denken müssen. Doch ist er immer präsent. Mal stärker mal schwächer. Selbst wenn die Behandlung erfolgreich ist, so bleibt doch die Erinnerung. Nicht nur beim Krebspatienten, sondern auch bei allen, die ihn auf diesem Weg begleiteten. Oft habe ich mich ohnmächtig und ausgeliefert gefühlt.

Um es ganz deutlich zu sagen: Mir war es extrem peinlich, dass ›dort unten‹ etwas, das nur wenig kleiner als ein Tischtennisball war, auf einmal die Ausdehnung eines Golfballs erreichte und Stück für Stück auf die Größe eines Hühnereis mutierte. Es wurde mir langsam unheimlich. Wie oft sendete mir mein Unterbewusstes, mein Stolz die Worte meiner Urgroßmutter zu: »Was von allein kommt, geht auch von allein wieder!« Ich hätte nicht verkehrter liegen können. Meine halbherzigen Versuche, dem ungebetenen Gast Einhalt zu gebieten, in dem ich zum Beispiel meditierte in der Hoffnung auf eine spirituelle Heilung, waren von vornherein zum Scheitern verurteilt. Heute weiß ich, dass ich keine wirkliche Meditation durchführte. In meinen Meditationsübungen hatte ich mich nie wirklich geerdet oder meine Mitte gesucht. Dazu schwang in dieser Zeit alles viel zu sehr auseinander. Angst beherrschte meinen Geist und damit verbunden immer wieder das Verdrängen, so wie der Wunsch »das Ei« wieder auf Normalgröße zu bringen. Heute kann ich darüber lachen, denn es ist doch sehr fragwürdig den Krebs durch die reine Kraft des Willens besiegen zu wollen.

1.3 Wer war ich zu dem Zeitpunkt?

Was war ich damals für ein Mensch? Ich lebte seit 2001 in Potsdam und hatte neben meinem Studium zum Kommunikationswirt als freier Kamera-Assistent für verschiedene kleine Produktionsfirmen in Berlin und Leipzig gearbeitet. Durch meinen Job war ich viel herumgekommen.

Nach der Pleite der Kirch-Media-Gruppe (Sat.1, Pro7, etc.) sah ich mich 2003 gezwungen, mich beruflich zumindest übergangsweise umzuorientieren. Nach circa einem Jahr als Callcenter-Agent im Outbound hatte ich bei meiner damaligen Firma, der SNT, einem Callcenter-Dienstleister, hauptsächlich im Telekommunikationssektor (Mobilfunk und Festnetz) im Jahr 2004 eine Anstellung als Kundenbetreuer für den Auftraggeber o2 gefunden. Es machte mir tatsächlich Spaß, auch wenn die Entlohnung nicht dem entsprach, was ich mir als Einstiegsgehalt im Berufsleben vorgestellt hatte. Aber ich lebte recht angenehm und sah auch Möglichkeiten, mich innerhalb der Firma weiter zu entwickeln.

Über den Freundes- und Bekanntenkreis, der sich in diesen Jahren entwickelt hatte, konnte ich glücklich schätzen. Er war viel inniger und herzlicher, als jener aus meinen Bonner Zeiten. Sozial befand ich mich in einem sehr soliden Umfeld.

Auch, wenn ich das bis heute nicht gern von mir behaupte, war und bin ich ein durchaus gutaussehender Kerl. Betrachte ich heute Fotos von mir aus dieser Zeit, denke ich: Ja, da ist was dran. Ein Gesichtselfmeter warst du nicht.

Allerdings bekam ich das in dieser Zeit nur mit, wenn sich eine holde Maid für mich interessierte, was nach meinem Umzug aus Wachtberg bei Bonn nach Potsdam immer häufiger vorkam.

In meiner Teenagerzeit hingegen fühlte ich mich hässlich und ungewollt. In der Schule war ich eher der Außenseiter.

Ende der 90er entdeckte ich die Gothic-Szene für mich. Hier schien mir alles stimmig. Sinn für Mystik, Romantik und Erotik. Musikalisch viele verschiedene Stile und es war egal, ob du in Mittelalterkluft auf dem Elektro- oder Darkwave-Floor abgetanzt bist oder im klassischen Gruftie-Kutten-Outfit den Gothrockern einen Besuch abgestattet hast. ›Come as you are‹ wurde aus meiner Sicht hier gelebt. Ich musste mich nicht auf einen bestimmten Stil festlegen, sondern war frei mir vom Buffet das zu nehmen, was mir gerade schmeckte. Andere Szenen und Stile hatte ich ausprobiert, aber das war mir alles zu eingefahren. Mir fehlte immer die Abwechslung, die ich genau in dieser Szene fand. Neben Musik und Kleidung gefiel mir auch, dass es dort Anhänger der alten Naturreligionen gab, hatte ich doch erst grade die Avalon-Trilogie von Marion Zimmer Bradley verschlungen und war hin und weg von diesem alten Pfad. Damals war der alte keltische Glaube für mich meine Religion. Keine Dogmen, Einklang mit sich und der Natur.

Ganz nebenbei schien ich in der Szene durchaus attraktiv auf die ein oder andere Dame zu wirken. Aber das war eben nur von außen. So wichtig diese Erfahrung damals für mich war, konnte ich nie so ganz greifen, dass jemand mich attraktiv fand.

Innerhalb der Szene traf ich mit meinem Stil und den welligen, schulterblattlangen Haaren auch durchaus den Geschmack anderer. Auf meine Mähne war ich auch ziemlich stolz. Es war immer ein herrliches Gefühl, wenn der Wind hindurch wehte. Klingt ein wenig oberflächlich und selbstverliebt? Das war es auch.

Du siehst, dieser kurze Abschnitt meiner damaligen Lebenswelt macht deutlich: Ich war kein Karrieretyp im klassischen Sinn, der die Leiter immer weiter hoch fällt, sondern jemand, dessen Selbstbewusstsein sich gerade erst entwickelte und der nach einem beruflichen Scheitern eine neue Orientierung suchte. Dies ist mit ein Grund, warum ich dieses Buch verfasse, da es recht wenige Bücher aus männlicher Perspektive gibt und noch weniger mit einem Fokus auf Hodenkrebs.

Dir wird vielleicht das Buch des Radsportlers Lance Armstrong schon begegnet sein: »Tour des Lebens. Wie ich den Krebs besiegte und die Tour de France gewann«[2]. Dieses Buch wurde mir während der Krebszeit von irgendwem in die Hand gedrückt mit den Worten: »Hier! Ließ das mal!«

Gelesen habe ich nur es in Auszügen und irgendwann weggelegt, weil ich die Selbstdarstellung des Herrn Armstrong als absoluten Helden nicht ertragen konnte. In meinen Augen eine übertriebene Darstellung mit viel amerikanischem Pathos. Was half mir die Perspektive eines amerikanischen Sportlers und Millionärs, der in seinem Leben nur auf der Erfolgsspur fuhr? Damit konnte ich mich nicht identifizieren und ich glaube, dass die vielen Nor-

---
2 erschienen im Verlag Lübbe, 2001, ISBN: 978-3404614707

malos, wie du vielleicht auch einer bist, von solch einer Darstellung eher abgeschreckt sind.

Auch bei meinen Recherchen, was es sonst an Büchern zum Thema Krebs auf dem Markt gibt, habe ich festgestellt, dass die Autoren von Erfahrungsberichten oft erfolgsverwöhnt sind. Bestimmt haben sie alle viel Energie in ihren beruflichen Werdegang gesteckt und ich gönne jedem seinen Erfolg. Aber wie ist das, wenn man eben nicht vom Schicksal geküsst wurde. Wenn der Weg nicht grade, sondern geschlängelt mit vielen Abzweigungen verläuft? Besteht bei einem Betroffenen, je nach Gefühlslage dann nicht auch Gefahr, dass dieser denkt: »Klar, dass der das so durchsteht. Der hat ja auch genug Geld und Energie.«

Vereinzelt kann so etwas demotivieren und einschüchtern. Grade in den Momenten, als ich mich im Prozess von Operation und Therapie befand, fühlte ich mich oft schwach und sucht eher nach etwas, das mich stützt und aufbaut. Eben da abholt, wo ich gerade mit meinen Gefühle und Ängsten stand.

Idealerweise ist das ein Freund oder Familienmitglied, doch bei diesen herrscht oft Verunsicherung, wie der richtige Umgang aussehen soll. Am besten klappt dies mit Gleichgesinnten, die ähnliches durchgemacht haben oder gerade durchmachen. Dies ist bei vielen schweren Erkrankungen so. Auch deine Mentalität spielt hier eine Rolle, denn der Gedanke an den Besuch einer Selbsthilfegruppe schreckt den ein oder anderen im ersten Moment zurück. Daher sind Bücher und auch Filme ein geeigneter erster Schritt sich mit seiner Krankheit in aller Stille auseinandersetzen zu können.

Die allermeisten dieser Bücher sind gut geschrieben und die Autoren geben tolle Ratschläge und liebevolle Tipps und sind mit Sicherheit eine gute Anschaffung. Sollte dies dein erstes Buch zu diesem Thema sein, so empfehle ich dir, mehrere Bücher zu lesen.

Der Fokus ist je nach Autor etwas anders gelagert. In manchen Büchern wird stark über den Verlauf der Krankheit berichtet, andere wiederum beschäftigen sich mit der Zeit danach. Je nach Phase sind diese Bücher förderlich. Es gibt eine Sache, die du dir immer vor Augen halten solltest. Krebskranke entwickeln eine unglaubliche Stärke.

Es kommt dabei nicht darauf an, ob sie die Krankheit überstehen oder nicht, sondern wie sie - oft unbewusst - damit umgehen. Du wirst ein unglaubliches Potential in dir entdecken, das unter der Überschrift steht: »LEBEN! JETZT ERST RECHT!«

Du wirst Phasen haben, in denen du dich schwach und hilflos fühlst. In denen du nach dem Sinn fragst. Ja, es wird auch Phasen geben, wo du einfach nicht mehr willst und dir wünschst, dass es zu Ende ist. Egal wie.

1.4 Die Bestätigung

Zurück zu meinem Krebs und mir. Mein Hoden war also auf Hühnerei-Größe herangewachsen und mit jedem Wachstumsschub wuchs noch etwas anderes. Meine Angst. Nicht nur vor dem Tod, sondern auch davor, was alles passieren könnte. Jobverlust, meine Freundin könnte mich verlassen, ich werde unattraktiv, wie sag ich es meiner Familie und meinen Freunden oder wie bekomme ich es hin, dass es keiner mitbekommt und sich Sorgen macht?

Diese und noch andere Gedanken kamen immer und immer wieder in mir hoch. Ich fing an zu planen. In meinem Urlaub würde ich zum Arzt gehen, um mir das Ding da unten ambulant entfernen zu lassen. Ein anderer Plan sah vor mir mittels Eisspray und einem scharfen Messer selbst zu Leibe zu rücken.

Ich wollte nicht, dass es jemand mit bekam, was bei mir los war. Vor mir selber fand ich dann Ausreden, nicht zum Arzt zu gehen und natürlich kam auch der Plan mit der Selbst-OP nicht zum Tragen.

Was mich bis heute erstaunt: Diana, meine damalige Freundin, bekam scheinbar nicht mit, dass mein Hoden sich unnatürlich vergrößert hatte. Das mach ich ihr nicht zum Vorwurf, denn ich entwickelte äußerst kreative Wege ihn zu verstecken. Auch wenn wir miteinander intim wurden. Allerdings wurde unser Intimleben auch weniger. Ich konnte mich ihr nicht hingeben und fand Ausflüchte den Sex auf wenige Male im Monat zu begrenzen. Dabei kam ich mir wie ein Drogensüchtiger vor, der seinen Stoff versteckt.

In viele meiner Hosen kam ich bereits nicht mehr rein. Auf der Arbeit trug ich möglichst weite Beinkleider, damit auch ja keinem auffiel, welche Last ich unten rum mit mir schleppte. Privat zog ich mich immer mehr zurück. Nur noch selten ging ich aus oder traf mich mit Freunden.

Allerdings merkte Diana sehr wohl, dass etwas nicht stimmte und ließ nicht davon ab, immer wieder nach zu fragen, was mit mir los sei. Irgendwann konnte ich nicht mehr. Wir waren gerade von einem Besuch bei meinen Eltern zurückgekehrt, als ich ihr auf der Couch unter Tränen gestand, dass ich wahrscheinlich Hodenkrebs hatte. Sie streichelte mich, nahm mich in den Arm und wir suchten nach Adressen von Urologen in Potsdam. Sie versprach mir, ohne dass ich sie darum bitten musste, dass sie diese Zeit mit mir gemeinsam durchsteht. Das gab mir Kraft. Eine meiner größten Ängste war damit zum Schweigen gebracht worden. Zu diesem Zeitpunkt war ich kurz vor meinem siebenundzwanzigsten Geburtstag und sie war vor ein paar Monaten grade mal zweiundzwanzig Jahre geworden.

Rückblickend möchte ich sagen, dass ich ihr dafür ewig dankbar sein werde. Hätte sie anders gehandelt, hätte ich dies auch verstanden, denn ich kann mir gut vorstellen, dass so eine Nachricht für den Partner auch schockierend und angsteinflößend ist. Diana hatte gewiss auch Ängste und sie hätte auch anders entscheiden können, um sich dem ganzen psychischen Stress zu entziehen.

Ich weiß noch, wie meine Hand zitterte, als ich die Nummer wählte. Wäre Diana nicht dabei gewesen, hätte ich es wahrscheinlich weiter vor mir hergeschoben. Wahltöne, Freizeichen, eine halbe Ewigkeit schien zu vergehen. Eine Stimme begrüßte mich am anderen Ende der Leitung.

Stammelnd erklärte ich, was ich vermutete und untersucht haben wollte.

Sehr freundlich und sanft sagte die Stimme: »Kommen Sie am Besten gleich Morgen vorbei. Wir haben um 10:00 Uhr noch einen Termin frei.«

Ich bat Diana mich zu begleiten. Es war, wenn ich mich richtig erinnere, Mitte März 2006 und der Winter war noch nicht ganz vertrieben. Als wir in Richtung der Praxis gingen, fiel Schneeregen auf die Wege. Die Straßenbahn ratterte an uns vorbei und die nasse Kälte zog sich durch meinen ganzen Körper. Innerlich wollte ich auf der Stelle umkehren, mich in mein Bett verkriechen und die ganze Welt einfach ausblenden. Aber ich ging weiter.

In der Praxis ging es recht schnell, bis ich an der Reihe war. Der Arzt war sehr freundlich, staunte allerdings nicht schlecht ob meines »Volumens«, was zum Vorschein kam. Er untersuchte Hoden und unteren Beckenbereich mit Ultraschall.

›Alter, ich bin nicht schwanger, ich hab Krebs!‹, dachte ich.

»Sie liegen mit ihrer Vermutung wahrscheinlich richtig, die dunklen Stellen hier, hier und hier legen nahe, dass es sich um einen benignen Tumor oder ein Karzinom handelt.«

(Ein bitte was?)

»Genaueres wissen wir erst nach der Urin- und Bluttests. Die geben uns dann Gewissheit anhand der Tumormarkerwerte.«

(Ah ja, jetzt weiß ich bescheid.)

Sicherlich hätte ich nachfragen können, was die Begriffe im Einzelnen bedeuteten. Um ehrlich zu sein, mich interessierte es in diesem Augenblick nicht. In erster Linie wollte ich wissen, wie ich das Ding da wegbekam, wie lange die Prozedur dauern würde und wann ich wieder arbeiten gehen konnte oder ob ich mir schon mal ein lauschiges Plätzchen auf dem Friedhof suchen sollte. Das war für mich in diesem Augenblick essentiell.

Mein Arzt schien unsere fragenden Gesichter zu bemerken und erklärte uns geduldig und sanft die Unterschiede. Benigne Tumore waren die gutartigen und karzinome bzw. maligne, seminome oder halbseminome die bösartigen. Auch erklärte er mir, dass eine Chemotherapie von mindestens zwei Zyklen auf mich zukommen würde, sofern sich der Tumor als bösartig herausstellte.

Mit diesem Wissen und einem Termin zwei Tage später fuhren wir wieder nach Hause. Die Zeit dazwischen versuchte ich, soweit es ging, die Gedanken daran zu verdrängen, während Diana wiederum damit begann im Internet zu recherchieren und sich zu informieren. Ihre Versuche mit mir darüber zu sprechen, blockte ich ab. Dafür war in meinen Augen Zeit, wenn die Diagnose feststand.

Was dann passierte, erlebte ich nur noch als reißenden Fluss der Ereignisse. Ja, der Tumor war bösartig und aggressiv, hatte aber scheinbar nicht oder nur gering gestreut. Darauf ließen die Tumormarkerwerte[3], Blut- und Urinwerte sowie die Lymphknoten schließen.

Ich bekam eine Überweisung ins Ernst-von-Bergmann Krankenhaus und hatte dazwischen noch Zeit eine Samenspende bei der Berliner Samenbank einlagern zu lassen, für

---

3 https://www.tk.de/tk/untersuchungen-a-z/t/tumormarker/32890 aufgerufen 26.06.2016

den Fall, dass es im Anschluss mit meiner Zeugungsfähigkeit nicht mehr so gut bestellt sein würde.

Die Samenbank ist mir in weniger guter Erinnerung geblieben. Mir kamen die Räumlichkeiten kalt und herzlos vor. Der Arzt, der uns damals beriet, hatte nach meinem Empfinden nur Dollarzeichen in den Augen, als er uns die Kosten vorstellte. Das Schlimmste war allerdings die »Wichskabine«, in die ich geleitet wurde. Ein Stuhl, ein Sofa und Vorlagen in Form von Magazinen und Videos, um die Phantasie anzuregen. Diese wirkten allesamt wie aus den 1970/ 1980er Jahren und einfach produziert ohne so etwas wie Ästhetik. Schnelle Wichsvorlagen der billigsten Sorte. Ganz davon abgesehen, dass die Bildqualität der VHS-Kassetten durch häufige Nutzung schon stark gelitten hatte. Die Magnetspur war abgenutzt und somit liefen Streifen über das Bild und die Tonspur wies Aussetzer auf. Bei mir regte sich hier nichts. Nach einer Weile schaltete ich den Fernseher aus, legte die Hefte beiseite und sammelte mich erst mal. Ich atmete tief durch, schloss die Augen und erinnerte mich an die schönen Momente mit Diana, bevor der Krebs meinen Alltag beherrschte. Diese Gefühle gaben mir Sicherheit und Rückhalt, ließen mich die Umgebung ein wenig vergessen. Endlich schaffte ich es auch zu ejakulieren.

Danach fühlte ich mich schuldig solche Gedanken an so einem lieblosen Ort verloren zu haben. Ich verweilte noch kurz, um mich zu sammeln, verließ den Raum und gab den Becher mit dem Ejakulat ab.

Die Laborergebnisse meiner Samenspende ergaben, dass die Menge an ausreichend beweglichen Spermien zu gering und somit ein Erfolg bei einer künstlichen Befruchtung ausgeschlossen war. Für mich bedeute dies keine eigenen Kinder, wenn die Samenproduktion nicht wieder anlief. Jetzt hatte ich es schwarz auf weiß. Noch ein Schlag ins Gesicht, als wenn die Krebsdiagnose nicht gereicht hätte.

Diana baute mich wieder etwas auf, indem sie vorschlug, in diesem Fall über Adoption nachzudenken. Ein Gedanke, mit dem ich mich anfreunden konnte und das wusste sie, da wir uns schon öfter über Kinder unterhalten hatten und beide die Ansicht vertraten, dass Adoptionen bei allen Schwierigkeiten etwas schönes waren.

Für den Krebspatienten:

Die reine Semikastration beim Hodenkrebs ist noch kein Urteil zu einer möglichen medizinischen Zeugungsunfähigkeit. Im Normalfall übernimmt der verbleibende Hoden die Samenproduktion und steigert seine eigene Produktivität mit der Zeit, so dass einer Zeugung nichts im Weg steht. Durch Chemotherapie oder Bestrahlung kann es jedoch zu einer Verminderung der Samenproduktion und somit zu medizinischer Zeugungsunfähigkeit kommen. Daher wird zur Sicherheit vor einer Operation zu einer Samenspende geraten.[4]

---

4 Quelle: http://www.albertinen.de/service/download_center/(dlno)/4 Broschüre Broschüre Hodenzentrum Hamburg im Albertinen-Krankenhaus

1.5 Der Abschied von den Gesunden

Zu diesem Zeitpunkt war ich Moderator in einem Potsdamer Internetforum. Wenigstens den anderen Moderatoren und Admins wollte ich online mitteilen, was los war. Für mich stellte es auch eine weniger große Hürde dar, als alle einzeln anzurufen. Ich gab im Bereich für die Administratoren und Moderatoren, der von den übrigen Nutzern nicht eingesehen werden konnte, bekannt, wie es um mich bestellt war. Es dauerte auch nicht lange und die ersten Reaktionen folgten.

Klar, die Meisten wussten nicht so recht, wie sie damit umgehen sollten. Es wurde mir Kraft und Glück gewünscht. Einige gaben auch zum Ausdruck, dass sie schockiert waren. Es tat mir in diesem Moment sehr gut zu wissen, dass man sich Sorgen um mich machte.

»Hallo, Tobi hier. Ich wollte mich krank melden!«
»Oh, okay, wie lange ungefähr?«
»Das kann ich noch nicht sagen. Es wird länger dauern. Am besten nehmt ihr mich aus der Planung.«
»Oh ha! Ich hoffe, es ist nichts all zu Ernstes. In jedem Fall eine gute Genesung und ich hoffe, du bist bald wieder da.«
»Hoffe ich auch.«

So in etwa lief das Telefonat zwischen mir und meiner Teamleiterin ab. Was hier recht kurz und kalt wirken mag, war für mich wichtig. An ihrer Tonart merkte ich, dass sie es ernst meinte und ich war ihr unendlich dankbar, dass sie nicht weiter nachfragte, warum ich ausfiel. Ich hatte zu ihr ein gutes Vertrauensverhältnis, aber ich konnte zu diesem Zeitpunkt noch nicht alle Karten auf den Tisch legen. Das es etwas Gravierendes war, konnte sie sich denken, denn ich hatte mich in der gesamten Zeit, in der ich bis dahin bei der SNT arbeitete nicht einmal krank gemeldet. Nun war der Arbeitgeber informiert und ich packte meine Sachen für den Krankenhausaufenthalt.

Eine Eingebung hatte ich an jenem Wochenende, bevor ich ins Krankenhaus ging. Mein Kumpel Floyd (eigentlich Florian) aus Bonner Zeiten hatte ebenfalls vor einigen Jahren die gleiche Diagnose gehabt. Ich schnappte also mein Handy und rief ihn an.

»Mensch, der Mob! Ewig nichts von dir gehört. Wie geht es dir?«

»Hey Floyd, um ehrlich zu sein, nicht ganz so gut. Ich gehöre bald auch in den Club der Eineiigen.«

»Was?«

»Ich habe Hodenkrebs!«

An viele Einzelheiten des Gesprächs kann ich mich nicht mehr erinnern. Ich weiß nur noch, dass es unheimlich guttat, mit ihm zu sprechen. Er gab mir mit seinem trockenen Humor viel Mut. Den schönsten Satz sagte er kurz vor Ende des Telefonats. Diesen werde ich nie vergessen: „Weißt du, Tobi, Kerle wie wir, die sterben bei Unfällen oder bei dem bescheuerten Versuch eine Katze aus nem brennenden Haus zu retten. Aber doch nicht am Krebs!"

Genau, der Krebs sollte nicht mich fressen. Ich würde den Krebs fressen!

Für den Krebspatienten:

Du merkst wahrscheinlich, dass ich so einiges falsch gemacht habe. Viel zu sehr verdrängt und zu lange gewartet, bis ich mich überhaupt jemandem geöffnet habe. Ich hoffe sehr, dass dies bei dir anders ist. Und wenn nicht? Wenn du vielleicht auch grade erst entdeckt hast oder spürst, dass mit dir etwas nicht stimmt und noch nicht weist, ob du Krebs hast, dies aber wahrscheinlich ist, dann bitte ich dich: Geh zum Arzt und vertraue dich jemandem an. Wer das ist, spielt keine Rolle. Höre auf dein Herz. Die erste Person, die dir in den Sinn kommt, ist die richtige. Nimm keine Rücksicht darauf, ob andere eventuell eingeschnappt sein könnten, dass sie nicht die Ersten waren. Das ist jetzt nicht wichtig.

Alles was jetzt zählt, bist du. Befindlichkeiten anderer haben grade keinen Platz in deinem Leben. Nicht an dieser Stelle. Du brauchst jemanden, dem du dich angstfrei öffnen kannst. Jemanden (auch mehrere), bei dem du dich wohlfühlst. Da spielt es keine Rolle, ob es ein Freund, deine Schwester, dein Bruder, dein Lebenspartner, deine Eltern oder deine Großeltern sind. Und dann geh zum Arzt. Lass dich durchchecken. Je eher du Gewissheit hast, umso besser. Viele Krebsarten sind heute gut therapierbar. Eine schwere Erkrankung, wie der Krebs kann auch ein Geschenk sein. Eines, das keiner will, das man am liebsten zurück in den Laden bringen möchte, damit man es umtauschen kann. Eines, das man nicht mal seinem ärgsten Feind gönnen würde. Warum der Krebs ein Geschenk sein kann, werde ich an späterer Stelle genauer erläutern.

Ich kann es sehr gut verstehen, wenn du dich mit dem Thema nicht näher auseinandersetzten, willst. Mach es trotzdem. Beließ dich im Internet, lies Bücher, schau Filme. Informiere dich in der Breite und beschränke dich nicht nur auf den medizinischen Teil. Schau, wie andere ein ähnliches Schicksal erfahren haben und wie sie damit umgegangen sind. Orientiere dich dabei an solchen Menschen, die eine positive Sicht auf Ihre Krankheit und ihr Leben haben. Informiere dich über Ernährung und alternative Heilmethoden und wenn du dich für die Chemotherapie und/ oder Bestrahlung entscheidest, dann entscheide dich bewusst und schau, ob du diese mit alternativen Varianten verbinden kannst.

Das kann zwar Mehrkosten verursachen, da vieles von den Krankenkassen nicht getragen wird, auf der anderen Seite kann es dir helfen die Zeit während und nach der Chemotherapie besser zu bestehen.

Umgebe dich mit guten Gedanken. Gönne dir und deinem Körper schöne Erlebnisse. Was hast du vor deiner Erkrankung gerne gemacht? Führe das in jedem Fall fort. Du bist nur krank, nicht tot. Es bringt dir nichts, wenn du dich fragst, wie lange du vielleicht noch zu leben hast.

»Some people live more in twenty years than others do in eighty. It's not the time that matters, it's the person.« Doctor Who – The Lazarus Experiment (Manche Menschen leben mehr in zwanzig Jahren, als andere in achtzig. Nicht die Zeit spielt eine Rolle, sondern die Person)

Für die Angehörigen:

Jemand aus deinem engsten Kreis hat sich dir geöffnet, hat dir von seiner Krankheit und seinen Ängsten berichtet. Das ist Last und Würdigung gleichermaßen.

Eine Last, weil du vielleicht zum ersten Mal so direkt damit konfrontiert wirst. Weil du nicht weißt, wie du damit umgehen sollst oder nicht fassen kannst, dass es ausgerechnet diesen lieben Menschen getroffen hat.

Eine Würdigung, weil du es bist, dem er so stark vertraut, dass er sich damit an dich wendet. Habe keine Angst etwas falsch zu machen. Das Wichtigste hast du schon richtig gemacht. Du bist da und hörst ihm zu.

Grade an die Männer geht hier eine Bitte, da ich es auch aus meiner Sicht als Mann kenne und schnell dazu neige: Nicht in Aktionismus und Lösungssuche verfallen. Jedenfalls nicht sofort. Erst mal ist das Sein mit deinem Kumpel oder der besten Freundin grade wichtig. Mache etwas ganz Normales, so als wenn ihr euch einfach so getroffen hättet. Vielleicht habt ihr einen Ritus, wenn ihr euch trefft. Das kann ein gemeinsames Bierchen, Wein, Tee oder Kaffee sein. Solche kleinen Dinge aus dem Alltag sind grade wichtig.

Es kann sein, dass du im Vorfeld schon bemerkt hast, dass etwas nicht stimmt. Krebskranke können Verhaltensänderungen zeigen. Auch schon vor der Diagnose. Dies zeigt sich meist darin, dass sie schneller als gewöhnlich gereizt reagieren oder schneller aggressiv werden. Auch vermeintlicher Phlegmatismus oder Dauermüdigkeit gehören ebenfalls dazu.

Woher kommt das? Ich möchte dies am Beispiel einer anderen Krebsart in einer seiner physiologischen Ausprägung schildern[5]:

Bei meinem Großvater väterlicherseits wurde ein Hirntumor festgestellt. Die OP selbst überstand er gut, leider verstarb er wenige Tage später an einer Lungenembolie. Meine Großmutter erzählte im Nachhinein, dass er noch weit vor der Diagnose bereits Verhaltensänderungen zeigte, wesentlich ungeduldiger war und schnell aggressiv wurde. Niemals handgreiflich, aber mit seinen Worten. Bei einem Hirntumor lässt sich das noch relativ einfach erklären. Die wuchernden Zellen drücken auf das Hirn. Das erzeugt Druck, der sich wiederum in Kopfschmerzen zeigt. Diese Dauerschmerzen sind am Anfang noch leicht. Stell dir einfach vor, dir würde ständig jemand mit einer Nadel ganz leicht in den Oberschenkel stechen. Das aber sehr schnell und 24 Stunden am Tag. Würde dich das aggressiv machen?

Bei andern Tumoren hingegen wird reine Erklärung schon schwieriger. Auch ich war vor allem auf der Arbeit aggressiver. Ich kann mich noch gut daran erinnern, dass eine neue Kollegin mich ständig mit ›Du‹ anredete.

»Du ... wie ist das eigentlich mit...?« »Du ... wie macht man das und das?«

Nichts Besonderes, aber mich machte es rasend, wie sie das ›Du‹ aussprach. So kurzatmig, es klang mehr wie ein ›Buh!‹. Zunächst nahm ich es mit Humor und sagte ihr immer wieder meinen Namen, bevor ich ihr eine Antwort gab. Nur zwei Tage später fuhr ich sie an, was an meinem Namen so schwierig sei.

---

5 Ein Hirntumor wirkt sich noch anderweitig aus. Zur Veranschaulichung beschränke ich mich hier auf einen Aspekt.

Im Nachhinein tat sie mir leid und mittlerweile weiß ich, dass dies nichts weiter war als ein kollegiales Necken oder Flirten. Wäre ich gesund gewesen, hätte ich sie mit Sicherheit nicht auf dieses Weise angefahren, sondern charmant gekontert. Diese Reaktion war für mich untypisch und gerade im Job hätte ich so eine Verhaltensweise nie an den Tag gelegt.

Die Verhaltensänderungen erklären sich auf physiologischer Ebene: Je größer der Tumor ist, um so mehr Nährstoffe braucht er und entzieht diese radikal dem Körper. Die gesunden Zellen werden nicht mehr wie gewohnt versorgt und die Kraftreserven sind schnell aufgebraucht. Ein Gefühl wie auf Schlafentzug stellt sich ein. Jetzt stell dir dich mit Schlafentzug nach 24 Stunden, nach 48 Stunden, nach 72 Stunden vor. Ich denke, mit diesem Bild kannst du dir jetzt besser vorstellen, warum ein Krebskranker, auch ohne von seiner Erkrankung zu wissen, anders reagiert, als er es als gesunder Mensch getan hätte.

1.6 Interview mit Lars

Lars traf ich im Berlin im Oktober 2015 zum Interview. Wir hatten uns etwa ein Jahr vorher auf einer Party kennengelernt und dort schon festgestellt, dass wir das gleiche Schicksal teilten. Als ich ihn fragte, ob er zu einem Gespräch bereit wäre, sagte er sofort zu. Lars wirkte auf mich zufrieden und gelassen, sowohl während als auch vor und nach dem Interview. Das kann er auch sein, denn er ist dreifacher Vater und jedes seiner Kinder ist nach dem Krebs entstanden.

Diagnose: Hodenkrebs im Juni 2010
Behandlung; Operation und Nachkontrolle
Alter zum Zeitpunkt des Interviews: 36 Jahre

Frage: Wann hast du deine Diagnose bekommen?

Antwort: Das war am 10 Juni 2010 und eine Woche später war ich auch schon im Krankenhaus. Um das nicht zu vergessen, habe ich ein Bild von der Operationsnarbe als Hintergrundbild auf meinem Handy. Es ist zwar nicht schön anzusehen, aber es soll mich jeden Tag daran erinnern, dass man das Leben leben soll und sich nicht mehr kaputt plant oder verplant und dann irgendwann feststellt, dass alles vorbei ist.

F: Das ist ja noch nicht allzu lange her. In diesem Jahr müsstest du dann als geheilt gelten, wenn ich richtig rechne?

A: Genau, es gibt immer noch die halbjährigen Untersuchungen. Die nächste steht in der kommenden Woche an und dann geht es auf den Jahresrhythmus. Aber die ganzen schlimmen Sachen, wie CT, brauche ich Gott sei dank nicht mehr machen.

F: Wie hast du das bemerkt, dass sich etwas bei dir verändert?

A: Das war beim WGT 2010[6]. Ich habe gemerkt, irgendwas zieht. Aber ich dachte, das könnte auch eine Prellung sein und hab das dann weg ignoriert. Also, so: Okay, fühlt sich jetzt doof an, aber wird schon nichts schlimmes sein. Ich war bis dahin auch kein Mensch, der regelmäßig zum Arzt geht. Ich hatte nicht mal einen Hausarzt und lebte schon sieben Jahre in Berlin. Warum soll man da hingehen, man ist ja noch jung.

Ich hab das eine ganze Weile weggeschoben. Das WGT war im Mai und der 10. Juni war der Tag, an dem die Whitehall-CD released wurde. Da habe ich schon die Fan-Orga von Zeraphine betreut und hatte schon ein Konzert in der Galerie organisiert. War also voll in diesem Thema drin und freute mich auf den Release.

Es müssen also ca. drei Wochen gewesen sein, bis ich zum Arzt gegangen bin. Dazu hatte mich meine damalige Partnerin gedrängt. Ich habe immer noch gesagt, dass ich mich einfach blöd hingesetzt habe oder eine zu enge Hose angehabt hatte. Sie hat im Internet recherchiert und meinte: »Was ich hier bei den Beschreibungen finde, wird dich nicht unbedingt erfreuen.«

Wenn ich ehrlich zu mir bin, habe ich auch schon gedacht, da kann was nicht stimmen. Mir ging es so, dass

---

6 WGT: Wave-Gotik-Treffen, Musik- und Kulturfestival der schwarzen Szene in Leipzig, jedes Jahr zu Pfingsten

ich mich dem nicht stellen wollte. Ich war überzeugt, es ist alles in Ordnung und hatte ein Leben, wo ich mich ganz glücklich fühle. Auf der anderen Seite konnte ich es nicht mehr ignorieren und hab dann geschaut, wo ist der nächste Urologe und bin dann dorthin gefahren, obwohl ich auf dem Weg zur Arbeit war. Ich dachte: Dann sollen die halt gucken und feststellen, dass da vielleicht nichts ist oder zumindest nichts Schlimmes. Ja, dann war ich da und wie das so ist, wenn zu einem überladenen Facharzt kommt, sagen die einem: »Ja, wir können ihnen eine Termin anbieten so in 2 bis 3 Monaten.« Aber da ich mich schon überwunden hatte hinzugehen, sagte ich: »Egal wie voll das hier ist, es wäre mir wirklich wichtig, dass jetzt geprüft wird, was das jetzt tatsächlich ist und es sind ja auch Schmerzen da. Von daher ist, das denke ich, auch gerechtfertigt.«

Dann habe ich bestimmt 2,5 Stunden da gesessen, bis ich an der Reihe war.

F: Wie war die Untersuchung für dich?

A: Der Arzt war sehr freundlich. Ich bin auch heute noch, so fern man das so sagen kann, immer noch gern mit ihm in Kontakt. Ein sehr sympathischer Mensch. Sehr einfühlsam und kompetent vor allem. Jemand der Menschen auch noch als Menschen behandelt. Da habe ich auch schon andere Erfahrungen machen müssen. Hat sich meine Geschichte erst angehört und begann dann abzutasten. Und beim Abtasten hat er schon gesagt, was für mich der erste kleine Schock war: »Ja, das ist eigentlich eindeutig.«

Ich habe im ersten Moment gar nicht verstanden, was er mir sagen wollte.

»Was meinen Sie den jetzt mit eindeutig?«

Dann hat er diagnostiziert und direkt danach bevor er sich zu weit aus dem Fenster lehnt, Ultraschall gemacht, was seine Diagnose bestätigt. Das war für mich dann natürlich ein totaler Schock, denn ich hab nicht mit dem Schlimmsten gerechnet, was man sich da vorstellen kann. Als er mir erklärte, was man jetzt als nächste Schritte unternehmen müsste, merkte ich nur noch, wie sich alles immer weiter von mir entfernte. Ich hatte ein Blick wie durch einen Tunnel, so wie das ist, wenn man unter Wasser ist. Ich bekam einen Schweißausbruch und bin dann auch erst mal zusammengeklappt. Einige der wenigen Situationen, wo mir sowas passiert ist.

Naja, dann konnte ich mich erst mal auf einer Liege ausruhen, habe was getrunken und dann haben wir das Aufklärungsgespräch weitergeführt. Man hat da ja nicht viel Auswahl so nach dem Motto »Möchten Sie das jetzt machen oder nicht«. Er hat dann auch gleich im Krankenhaus angerufen und alles für mich geklärt, mich krank geschrieben und mir den Termin in der nächsten Woche zur Vorstellung mitgeteilt. Und dann stand ich da erst mal allein.

Ich hab dann noch eine Weile gesessen und das ganze verdaut und überlegt, was ich mache und habe dann alle meine Vertrauenspersonen angerufen. Meinen Vater und meine Oma. Mein Vater war natürlich auch erst mal geschockt, aber hat dann auch versucht mich zu beruhigen und meinte, er kannte mal jemanden, der das auch hatte und das kriegt man schon alles in den Griff, muss ja nicht gleich so schlimm sein.

Meine damalige Partnerin hat dann erst mal auf der Arbeit Schluss gemacht und sich mit mir getroffen und das besprochen. Aber, es waren dann auch die ganzen Ängste da. Vor allem, ob ich dann noch die Chance habe Kinder zu zeugen. Ein Arzt kann, wenn er kompetent ist, schließlich nicht sagen: »Ach, das wird schon.« Er muss über die komplette Bandbreite aufklären.

Mein Arzt sagte: »Es kann sein, dass das alles wieder total dufte wird und sich einspielt. Es gibt auch einseitig die Möglichkeit, dass man Kinder zeugt.« Er hat mir auch weiter erklärt, dass der linke Hoden die Arbeit des rechten Hodens nach einer Weile mit übernimmt oder auch die Funktion ausreichend ist, aber auch die Fälle in denen beide Seiten betroffen sind, denn das wussten wir zu diesem Zeitpunkt ja noch nicht. Das war dann die nächste Belastung, denn mir wurde angeraten, wenn ich wirklich einen Kinderwunsch habe, dann soll ich innerhalb dieser Woche auch gleich lieber noch mal zu so einer Samenbank.

F: Bei welcher Samenbank warst du?

A: Bei der im Wedding. Der war mir zum Beispiel nicht so sympathisch. Das war so ein blöder Typ. Im Gegensatz zu meinem Urologen war der auch sehr reserviert und unfreundlich. Da fielen so Äußerungen: »Wir sind hier eine Bestell-Praxis, wir machen Termine, was kommen Sie denn so kurzfristig her und eigentlich geht das alles gar nicht.« Worauf ich nur erwiderte: »Entschuldigung, ich hab den Kontakt von Dr. Köhler bekommen. Nächste Woche hab ich den Termin und mir ist wichtig, das auch abzusichern.«

Drauf hin wurde eingelenkt und zwei Termine vereinbart. Wobei ich mich da wie ein Ballast fühlte. Behandelt wurde ich so nach dem Motto »Jetzt kommt noch einer, der hier stört.«

Für mich war das ja auch alles neu. Ich kannte sowas ja gar nicht. Du kriegst da, wie in einem Film, einen Becher in die Hand gedrückt und darfst dann damit durch das Wartezimmer zurück und den dann an einem Tresen bei einer jungen Schwesternschülerin abgeben.

Der Umgang damit hat sich bei mir aber geändert. Nach dem alles vorbei war, hatte ich noch mal einen Test gemacht, wie sieht das jetzt aus mit der Beweglichkeit und der Anzahl meiner Spermien. Da wurde mir dann gesagt, dass es momentan eher schlecht aussieht mit meiner Fruchtbarkeit. Ich habe mich dann zu einer Kinderwunschbehandlung mit meiner damaligen Partnerin entschlossen. Auch da musste ich dann noch mal einen Test machen. Dabei entwickelte sich bei mir so eine Lockerheit. Ich hatte das schon ein paar mal gemacht und sozusagen Routine. Ich bin dann einfach hingeschlendert und hab den Becher abgegeben so nach dem Motto: Hallo, ich hab hier die bestellte Ware.

F: In welchem Krankenhaus warst du und wie hast du das dort erlebt?

A: Im Vivantes im Friedrichshain. Auch da gibt es zwei Seiten. Was nicht so schön war, war der ganze Aufnahmeprozess. Du stellst dich an, Formalitäten. Du kriegst gesagt, du sollst dich auf Station XY melden und dann wird dir gesagt, du wirst aufgerufen und dann sitzt du da. Eine Stunde, zwei Stunden und es passiert nichts. Ich fühlte mich da überhaupt nicht abgeholt, eher so abgearbeitet. Für jemand, der jetzt frisch mit so einem Thema, Krebs-Diagnose, dahin kommt, fühlte ich mich nicht abgeholt. Für die Routine, für mich nicht. Dazwischen gab's eine

Lücke, die nicht gefüllt wurde. Und dann darf man sich noch den schönen Schaukasten in dem Wartezimmer ansehen mit urologischen Werkzeugen der medizinischen Historie.

Ich dachte mir, okay, ich hoffe damit kommen die mir nicht mehr an. Später während der laufenden Betreuung hat sich das geändert. Grade die frischen Assistenz-Ärzte und Ärztinnen waren alle sehr nett und zuvorkommend. Da gab es einen, der hatte ein Portal aufgebaut mit anderen Studenten und ehemaligen Studenten zum Thema Uro-Onkologie. So ein Programm quasi, wo man in regelmäßigen Abständen befragt wird. Er hat mich gefragt, ob ich daran Interesse hätte. Ich sagte: »Klar, wenn das dem wissenschaftlichen Zweck hilft.«

Ich bekam dann auch in regelmäßigen Abständen Fragen zu geschickt in diesem 5 Jahres-Zeitraum. Das waren dann zum Beispiel Fragen wie: »Wie fühlen sie sich heute damit?« »Nehmen Sie Ihre Termine war?« usw. Ich empfand das als sehr engagiert.

Naja und ansonsten typischer Krankenhausalltag, viel Wartezeit, keiner sagt einem Bescheid und irgendwann kommt einer und sagt »Warum haben sie nicht..?«

»Weil es mir keiner gesagt hat.«

Zum Beispiel vor der OP: »Haben Sie sich schon rasiert?«

»Wie jetzt rasiert? Hat mir keiner gesagt!" Aber zum Glück bin ich das sowieso.

Bei der OP gab es dann noch ein lustiges Ereignis. Der Anästhesist sah schon etwas durch aus. Er merkte wohl schon an meinem panischen Blick, ob er denn jetzt derjenige ist, dem ich mein Leben anvertraue und meinte zu mir: »Keine Sorge, ich mache nur die Vorbereitung. Sie kriegen gleich nen Frischen!«

F: Wie lange musstest du im Krankenhaus bleiben?

A: Es waren nur 4 Tage. Ich hatte auch Glück mit der Wundheilung. Dadurch konnte ich recht schnell wieder nach Hause. Viel schlimmer war der Gedanke an die Anästhesie. Sich abschalten zu lassen als Mensch war für mich eine total gruselige Vorstellung. Vor allem was so alles passieren kann: Wachzustände oder das man nicht wieder aufwacht. Davor hatte ich eine panische Angst.

F: War das deine erste OP?

A: Ja, ich hatte auch nie einen großen Bedarf an Ärzten, wie gesagt nicht mal einen Hausarzt hatte ich. Bei einer Erkältung, dachte ich, komm ich auch so durch. Deswegen war das für mich eine total neue Erfahrung, vor der ich auch Angst hatte. Ich war damals auch etwas pessimistischer eingestellt. Das ist etwas, das sich auch stark verändert hat in meinem Leben. Ich versuche, eher optimistisch zu sein, was nicht heißt, dass ich alles toll finde, sondern eher die positiven Seiten hervorzuheben, die man so hat.

F: Musstest du noch eine Chemo machen?

A: Also, es wurde mir zur Option gestellt. Es wurde von der anderen Seite eine Gewebeprobe entnommen und ärztliches Gutachten erstellt. Beim befallenen Hoden stellte sich raus, dass es tatsächlich ein bösartiges Seminom[7] war und mein

---

7 Quelle https://de.wikipedia.org/wiki/Seminom

Urologe hat mich dann aus seiner Erfahrung heraus beraten und sagte, es bestünde die Möglichkeit der Chemotherapie oder Bestrahlung. Oder ich verzichte darauf und lasse es auf mich zu kommen, aufgrund der Gesamtparameter, die bei mir zum Tragen kommen: Junges Alter, bösartiges Seminom, die Gewebeproben unverdächtig.

Am Ende wäre es meine Entscheidung, aber man könnte mit einer Chemotherapie oder Bestrahlung auch über das Ziel hinaus schießen. Da habe ich dann drüber nachgedacht und mich gegen die Chemotherapie entschieden und dafür lieber auf eine korrekte und regelmäßige Nachsorge zu gehen. Dann könnte man immer noch was unternehmen.

Wie sich jetzt im Rückblick herausgestellt hat, war es für mich die richtige Entscheidung. Das weiß man natürlich vorher nicht. Deswegen war es für mich, grade in den ersten zwei Jahren, immer eine Riesenangst. Was ist, wenn du jetzt nach drei Monaten wieder hingehst und es hat sich was verändert? Auf der andern Seite war auch die Angst zu groß, dass zu viel kaputt gemacht wird, wenn man mit so einer massiven chemischen Keule auf sich schießt. Ich habe das aus dem Bekanntenkreis mit bekommen, wie es einem damit gehen kann und wahrscheinlich auch gehen wird.

F: Gibt es jemandem aus dieser Zeit, der dir in dieser Zeit besonders viel Kraft gegeben hat?

A: Ich würde sagen, dass ist auf jeden Fall eine netzwerkartige Geschichte gewesen. Zum einen die nächsten Angehörigen, zum Beispiel meine Großmutter, zu der ich schon seit jüngster Kindheit ein tolles und inniges Verhältnis hatte. Mein Vater und meine Brüder und meine damalige Partnerin.

Was auch geholfen hat, war, dass ich zu diesem Zeitpunkt grade aus anderen Gründen eine Psychotherapie gemacht hatte um andere Belastungen loszuwerden. Die hatte sich dann vom Thema her schlagartig verschoben, aber so hatte ich gleich jemanden, mit dem ich sprechen konnte. Hier hatte ich das, was ich mir im Krankenhaus mehr gewünscht hätte. Jemand, der meine Ängste und Sorgen ernst nimmt und mir zuhört und auch Feedback gibt, wenn man z.B. etwas zu negativ sieht und Wege im Kopf öffnet. Kann ich im Prinzip jedem empfehlen.

F: Hasst du seitdem Veränderungen in deinem Verhalten festgestellt?

A: Auf jeden Fall. Wie anfangs schon gesagt, ich hatte vorher immer so einen ganz strukturierten Lebensplan: Ich mache mein Studium zu Ende, dann arbeite ich ein paar Jahre und wenn es dann passt und ich ein bisschen gelebt habe, krieg ich dann Kinder.

Das hat alles nicht so geklappt, wie ich es mir gedacht habe. Ich bin immer noch ein sehr strukturierter Mensch, aber was Leben an sich und Emotionen angeht, hat es sich bei mir verändert, dass ich das auf mich zu kommen lasse und viele Dinge unverkopft angehe. Manchmal bin ich auch ein wenig halsbrecherisch. So zum Beispiel mit meiner damaligen Partnerin, mit der ich auch die Kinderwunschbehandlung hatte.

Das mit dem Kind hat dann nach dem zweiten Tonus so geklappt. Leider hat es mit unserer Beziehung nicht so gut funktioniert. Nach der Trennung, wo die meisten dann sagen: Jetzt musst du für dich sein, das Ganze erst mal verarbeiten, bin ich dann relativ schnell in die nächste Beziehung geschlittert, die dann auch lustigerweise schnell schwanger geworden ist. Und das mein ich mit halsbrecherisch.

Vielleicht ist es dann auch alles zu schnell geworden. Zu viel Optimismus und zu viel denken: Ach, das wird schon klappen. Das ist dann leider auch schiefgegangen. Gut, und jetzt bin ich beim dritten Start. War auch ein langer Weg. Ich hab meinen Frieden da mit der Vergangenheit gemacht. Ich denke, der Krebs hat mit Sicherheit einen Beitrag dazu geleistet, denn ich hätte mich früher nicht so schnell auf etwas neues eingelassen. Zu dem Zeitpunkt fühlte es sich richtig an und ich habe die Chance ergriffen und war nicht mehr so verkopft.

F: Was würdest du Menschen raten, die an Hodenkrebs erkranken?

A: Nicht für sich behalten. Ich glaube, wenn man es für sich behält und sich selber absondert, weil es einem peinlich oder unangenehm ist. Einfach versuchen, sich durch Offenheit wieder Stärke zu holen.

Es gibt ganz viele Menschen, die sich da rein denken können, weil sie damit schon Berührung hatten. Es ist auch etwas anderes, wenn man selbst betroffen war. Man setzt sich ganz anders damit auseinander, als jemand der noch keine Erfahrung damit hat und vielleicht findet man dann auch solche Leute, die einen dann unterstützen können, wenn man sich offenbart. Die einen dann rausholen aus Gedankengängen wie: Es kommt zum Schlimmsten, ich werde bald sterben.

F: Was würdest du den Angehörigen raten?

A: Sich nicht zurückzuziehen, dieses Falschverstandende: »Ah, der ist jetzt krank, den lasse ich jetzt in Ruhe.« Das ändert sich, so mein Eindruck gerade Gott sei dank, denn genau dadurch fühlt man sich dann allein gelassen. Man sollte, wenn man es nicht direkt erfährt, einfach die Chance ergreifen und Kontakt aufnehmen und seine Unterstützung anbieten, aber klar machen, dass man sich nicht aufdrängt.

F: Nenne mir ein Buch, einen Film/ Serie und ein Lied, dass du besonders mit dieser Zeit in Verbindung bringst, wenn möglich.

A: Song ist sehr einfach. Es ist sogar ein ganzes Album. Das Whitehall von Zeraphine. Ich war durch die Fan-Tätigkeit sehr stark involviert und hatte auch das Akustik-Konzert in der TheARTer-Galerie[8] ein paar Monate später mit organisiert und unter anderem auch eine DVD für die Fans mit produziert. Vorab hatte ich bereits fünf bis sechs Clips vorab veröffentlicht. Die DVD ist mittlerweile vergriffen. Ich hab erst vor kurzem das Material wieder in den Fingern gehabt und mich entschieden, dass ganze auf dem Youtube-Kanal hochgeladen. Und da kam es auch wieder hoch: Krass, das war genau die Zeit.

Film und Buch, da kann ich dir konkret nichts sagen. Ich hab zwar auch gelesen in der Zeit, aber ich verbinde da nichts mit.

---

8 TheARTer Gallerie: Veranstaltungsort in Berlin, vorzugsweise mit Künstlern aus oder der schwarzen Szene nahe. http://www.thearter-gallery.de/

1.7 Interview mit Johannes

Johannes habe ich bei der Hochzeit meiner Schwester kennen gelernt. Er ist der ältere Bruder meines Ex-Schwagers. Der Besuch bei ihm führte mich ins Münsterland in die Gemeinde Ostbevern. Ein ländliches Idyll, in dem Johannes lebt und arbeitet. Johannes bat seine Bereitschaft zum Interview Anfang 2016 an. Ende April fanden wir einen Termin. Neben dem Interview unterhielten wir uns auch eine Weile privat und waren beide der Ansicht, ein Treffen zu wiederholen.

> Diagnose: Schilddrüsenkrebs im Juli 2014
> Behandlung: Operation und Radiojod-Therapie
> Alter zum Zeitpunkt des Interviews: 50 Jahre

Frage: Wie hast du gemerkt, dass etwas nicht stimmt?

Antwort: Überhaupt nicht. Ich habe eine sehr gute Hausärztin, die darauf achtet, dass ihre Patienten die Ultraschalluntersuchung machen. Bei so einer Untersuchung hat sie festgestellt, dass etwas auf den Schilddrüsen ist. Knoten hat zwar fast jeder, aber bei mir waren es sehr viele. Sie hat mich dann weitergeleitet an eine Facharzt und dort wurde eine Sonographie gemacht. Dabei wurden dann heiße Knoten festgestellt. Es gibt heiße und kalte Knoten. Die heißen können gefährlich sein. Ich hatte sechzehn Stück.

Dann wurde operiert. Während der OP wurde ein Stimmband verletzt. Ein Teil fiel in die Luftröhre, weshalb die OP nach Entfernung der rechten Schildrüse abgebrochen wurde. Auf dieser wurde dann Krebs diagnostiziert. Zunächst musste aber durch Logopädie das

Stimmband beweglich gemacht werden. Vorher durfte nicht operiert werden.

Das hat ein Jahr gedauert bevor die linke Seite operiert werden konnte. Zur Sicherheit wurde dann eine Radio-Jod-Therapie gemacht. Das bedeutet, dass man radioaktiv-angereichertes Jod eingespritzt bekommt. Das wandert dann an diese Herde und sorgt dafür, dass falls dort noch etwas sein sollte, dieses zerstört wird durch die Bestrahlung.

F: Hast du körperliche Veränderungen bemerkt?

A: Die Therapie hat hervorragend angeschlagen. Körperliche Veränderungen dadurch habe ich nicht festgestellt, sondern durch die Auswirkung der fehlenden Schilddrüsen: Extreme Stimmungsschwankungen, Herz-Kreislaufprobleme, Magen-Darm-Probleme und ständige Müdigkeit. Wenn die Schilddrüse fehlt, fehlen wichtige Hormone.

Die Schilddrüse ist ein Organ, welches viele Hormone produziert. Ich muss bis an mein Lebensende täglich Hormone nehmen und darauf eingestellt werden. Das heißt, ich bekomme meine Medikamente anhand meiner Werte. Jedes viertel Jahr bekomme ich dafür ich Blut abgenommen. Das dauert seine Zeit, da der Körper noch eigene Hormone hat und dann muss man schauen wie dieser arbeitet und welche Hormonkonzentration vorliegt.

Am Anfang war ich deshalb dauernd müde, da die Hormone zu gering eingestellt waren. Andersrum kann es auch zu viel sein und dann sehen die Symptome anders aus, zum Beispiel Herzrasen. Bei mir war es die Müdigkeit und dann hab ich eben viel geschlafen, bis ich in die Reha kam und dort gelernt habe damit umzugehen.

Das war eine Reha nur für Krebspatienten in Nordrach im Schwarzwald. Insgesamt waren wir 105 Patienten. Vier Männer und der Rest waren nur Frauen. Männer gehen mit Krebs anders um. Die stellen sich nicht ihrer Erkrankung. Sie wollen es nicht wahrhaben und schweigen es tot oder denken, dass sie es sich nicht erlauben dürften. Deshalb fehlen viele Männer, die eigentlich dahin gehören würden. Das hab ich auch in den psychologischen Gesprächen in der Reha gelernt.

Ich hab mir gedacht, stell dich dem Arschloch. Der Krebs hatte bei mir den Namen Arschloch und ein Arschloch hat bei mir keine Chance. In der Reha habe ich dann gelernt das Ganze anzugehen. Mich nicht der Müdigkeit hinzugeben, sondern dagegen anzukämpfen. Ich bin unheimlich viel spazieren gewesen, Nordic Walking, mit Stöckchen. Außerdem noch Tai Chi und Qigong und das mache ich heute noch. Es fährt mich unheimlich runter. Das dauert eine halbe Stunde, aber danach bin ich topfit. Dafür war die Reha sehr wichtig.

F: Was war dein erster Gedanke bei der Diagnose?

A: Da dachte ich an meine beste Freundin, die zwei Zimmer weiter gelegen hat und hab nur gedacht: ›Scheiße, nicht noch ich auch noch!‹

Sie hat drei Jahre gegen den Krebs gekämpft. Nach der OP habe ich sie auf dem Flur getroffen. Ich wusste nicht, dass sie da war. Als erstes sagte sie: »Ich weiß nicht, wie lange ich noch habe.« Ihre Diagnose war Bauchspeicheldrüsenkrebs. Das ist fast ein Todesurteil. Für mich war das die schlimmste Begegnung, die ich haben konnte. Nach meiner Diagnose sie zu treffen, die die Aussage bekommen hatte, dass sie am Krebs sterben wird. Das war ganz übel und ging mir die ganze Nacht nicht aus dem Kopf. Drei Monate später ist sie dann gestorben.

Ich hab meine Diagnose nicht an die große Glocke gehängt. Auf Ihrer Beerdigung hat mein bester Kumpel erst erfahren, dass ich auch Krebs hab.

»Du haust mir aber nicht ab!«, hat er zu mir gesagt. Das war auch die Einstellung, die ich hatte, als sie nicht mehr da war. Ich bin nicht der Nächste. Ich habe oft mit ihr darüber geredet. Sie hat mir gesagt: »Beiß' die Zähne zusammen und kämpfe!«

In der Reha hat man mir gesagt, wenn man sich einen Krebs aussuchen dürfte, dann sollte man sich die Schilddrüse aussuchen, da hier mit die größten Heilungschancen bestehen. Die Schilddrüse wird entfernt und die anhängenden Lymphknoten mit. Es wird geschaut, ob diese befallen sind oder ob sich Metastasen gebildet haben. In meinem Fall war nichts. Das heißt für mich, dass mein Körper jetzt erst mal befreit ist. Ich weiß aber auch, dass ich mein Leben lang Krebspatient bin. Aber ich lasse es nicht zu. Ich lebe anders als früher, der Krebs ist jedoch nicht mein Wegbegleiter.

F: Welche Reaktionen kamen aus deinem Umfeld?

A: Es kam egal aus welcher Richtung immer die Reaktion: »Wenn du mich brauchst, ich bin für dich da.« Es war egal, ob beim Vorstand im Fußballverein, aus meinem Freundeskreis oder auch mein Chef, der mich super unterstützt hat. Er hat zu mir gesagt: »Junge, sieh zu, dass du gesund wirst. Egal wie lang du fehlst, ich halte dir die Stelle frei.«

Daran hat er sich auch gehalten und sich immer wieder nach mir erkundigt. Auch meine damalige Freundin, mit der ich zu diesem Zeitpunkt noch zusammengelebt habe. Anfangs, toll. Sie hat mir die miesen Gedanken genommen, die ich natürlich hatte.

Zu Beginn hab ich nur dagelegen und kaum Luft gekriegt. Die Luftröhre war zur Hälfte zu und ich musste das Atmen erst wieder lernen. Ein Fehler, den ich gemacht habe, war kurz nach der Behandlung wieder arbeiten zu gehen. Im Juli wurde ich operiert. Im Oktober bin ich schon wieder arbeiten gegangen. Allerdings bin ich auch nach kurzer Zeit auf der Arbeit zusammen gebrochen, weil ich meinem Körper zu viel zu zugemutet habe. Ich hab dann doch noch ein Jahr gebraucht.

F: Wie waren deine Erfahrungen mit Ärzten und Pflegepersonal?

A: Sehr, sehr gut. Ich glaube, auf den onkologischen Abteilungen sind die sehr viel einfühlsamer. Die schienen mir weniger gestresst und haben sich Zeit genommen.

Der Arzt, der mir meine Diagnose mitteilte, bot mir erst einen Spaziergang an. Wir sind dann spazieren gewesen und da hat er es mir dann schonend beigebracht und erklärt, was da jetzt alles so ist. Dafür hat er sich enorm viel Zeit genommen.

Auch die Schwestern waren total lieb. Sowohl als ich dort Patient war, als auch in der Zeit, als ich meine beste Freundin dort besucht habe. Die haben sich sehr um die onkologischen Patienten gekümmert.

F: Gab es ein Erlebnis, was dir als lustig in Erinnerung geblieben ist?

A: Ja, das gab es. Ich bin an einem Sonntag entlassen worden und hatte noch gar keine Stimme. An dem Tag ist Deutschland Weltmeister geworden. Montags war ich Einkaufen und alle dachten, ich hätte richtig gut gefeiert. Das war so lustig durch die Stadt zu gehen und jeder dachte: »Der Junge hat Deutschland gefeiert.« Und ich hatte am Tag zuvor die Krebsdiagnose bekommen. Das hat mich irgendwie so richtig amüsiert.

F: Wer hat dir in dieser Zeit die meiste Kraft gegeben?

A: Meine Hausärztin. Am Anfang war ich zweimal in der Woche bei ihr. Psychologische Unterstützung hatte ich nicht. Das war sie. Auch als meine beste Freundin gestorben ist, hat sie mich extrem unterstützt. Sie wusste, wie nah wir uns standen. Sie hat mir gesagt: »Herr Mayer, sie sind nicht der gleiche Patiententyp.«

Sie ist mir bis heute eine große Stütze. Bei ihr mache ich nach wie vor die Untersuchungen. Ich kann auch jeder Zeit bei ihr anrufen, wenn etwas ist und werde rein geschoben. Sie ist für mich bis heute die wichtigste Person. Sie kennt die ganze Geschichte und ich kann mit ihr über alles reden, auch über meine Beziehung.

F: Wie haben sich deine Familienangehörigen und Freunde verhalten?

A: An sich haben sie nicht großartig viel verkehrt gemacht. Es war mir nur zum Teil zu viel. Meine Freundin hatte Kinder, die waren damals sieben und zehn Jahre alt und wir waren zu diesem Zeitpunkt fünf Jahre zusammen. Ich hab nichts gegen Kinder. Ich hab sie mit aufgezogen. Aber es war mir einfach zu viel.

Viel Zeit habe ich im Wohnzimmer mit schlafen, fernsehen und lesen verbracht oder bin mit dem Hund stundenlang spazieren gegangen. Ich hab mich sehr distanziert. Sie stand öfters neben mir und fragte: »Was ist mit dir? Du lässt mich gar nicht mehr an dich ran.«

Das war schon sehr hart für mich festzustellen, dass sie recht hat. Aber ich konnte auch nicht schauspielern. Sie war bemüht, aber ich habe es nicht zugelassen.

Ich wurde sehr geräuschempfindlich. Wenn die Kinder durch die Wohnung gerannt sind oder Streitereien hatten. Ich hab zu meiner Freundin gesagt, sie solle sich mal darum kümmern, worauf sie entgegnete, dass ich mich da raus halten solle. Zum Schluss war es nur noch ein nebeneinanderher leben. Wir hatten seit der OP keinen sexuellen Kontakt mehr. Außer mal einen Guten-Morgen-Kuss gab es auch kaum noch Zärtlichkeiten. Die Beziehung war tot. Ich wollte es auch nicht mehr. Bedingt wahrscheinlich auch durch Hormonstörungen, wollte ich nur noch für mich allein sein. Ich wollte auch nicht angefasst werden. Sie wollte, aber ich nicht.

F: Hast du Tipps für den Krebspatienten und die Angehörigen?

A: Der Krebs sollte nicht das Leben bestimmen. Ich hab das sehr schnell ausgeschaltet. Für mich war das so: Die Schilddrüse ist raus, der Krebs ist weg. Auch wenn das vielleicht utopisch klingt. Für mich war es so und ist heute auch noch so. Ich mache alle Untersuchungen nach wie vor. Ich verschließe also nicht die Augen, aber er bestimmt absolut null mein Leben. Ich lebe jetzt anderes. Bewusster und auch egoistischer. Fauler, ich genieße mehr das Leben. Ich arbeite nur noch 30 Stunden in der Woche.

Eigentlich ist es schlimm, dass man erst Krebs kriegen muss um zu merken, was man bisher für ein Leben geführt hat. Die Leute merken gar nicht, was sie für ein Leben führen. Du gehst malochen, abends essen, Bett und gute Nacht. Ich gehe jetzt arbeiten, Freunde treffen, Fußball in meinem Verein spielen, mich meinen Hobbys widmen, habe Zeit für mich und bin gar nicht so erschlagen. Das sollte man sich zu Herzen nehmen: Einfach mal viel mehr leben, auch ohne Krebserkrankung. In der Familie sollte man dieses Thema ansprechen. Man soll es nicht totschweigen. Wenn man sich trifft, kann man sich erkundigen: »Wie geht es dir? Hast du neue Ergebnisse?« Kurz anreißen ist in Ordnung und dann kann man wieder ganz normal über andere Themen sprechen.

Was ich sonst noch festgestellt habe in der Reha mit den anderen: Es gab welche, die komplett verfallen. »Ich habe Krebs. Ich habe Krebs. Ich habe Krebs.«

Ich hab denen gesagt: Lasst den Krebs nicht zu nah an euch ran, sondern macht ihn euch zum Feind. Und Feinde muss man bekämpfen. Eine hatte ihrem Krebs den Namen ihres Ex-Mannes gegeben mit dem Ziel: So schnell wie möglich loswerden. Das fand ich genial. Das ist eine tolle Einstellung. Dem Krebs einen Namen geben und dadurch verharmlosen oder zum Feind machen, aber niemals beherrschen lassen und nie aufgeben.

F: Gab es für dich in dieser Zeit ein Kunstwerk, das für dich in dieser Zeit eine besondere Bedeutung bekommen hat?

A: Ich habe mich mit dem Ganzen auseinandersetzen müssen, auch mit dem Tod. Ich habe meine eigene Beerdigung planen müssen. Also, wie diese ablaufen soll. Dabei ist mir ein Lied sehr nah gekommen. »Euch zum Geleit« von Schandmaul. Dieses Lied begleitet mich bis heute. Ich höre es heute noch gern, aber mit einem anderen Blickwinkel und ansonsten das Buch »Der Tod und andere Höhepunkte meines Lebens« von Sebastian Niedlich.

2 Operation und Chemotherapie

2.1 Heim auf Zeit

Es war so weit. Ich stand mit Diana und einer Tasche vor dem Eingangsbereich des Ernst-von-Bergmann Klinikums. Wir schritten die Treppen hinauf und gingen durch die Tür. Ich merkte wie mein Herz raste. Ich wollte da nicht rein. Ich wollte keine OP, keine Chemo.

Doch wir gingen weiter zum Empfang um zu fragen, wie wir auf die Urologie kommen konnten. Ich weiß nicht mehr warum ich zornig wurde, noch erinnere ich mich daran, was der Herr am Empfang zu mir sagte, was meine Reaktion auslöste. Alles was ich noch weiß ist, dass es mich ziemlich wütend machte und ich mich lautstark über dessen Inkompetenz aufregte und in Richtung der Fahrstühle schritt. Diana folgte mir und meinte nur, dass der Herr nichts Schlimmes gemacht habe, außer mir den Weg zur Urologie zu weisen.

Mein Ausbruch war eine Übersprunghandlung, die sich auf den Herren entlud. Der arme Kerl hätte mir wahrscheinlich auch die Tasche hoch tragen können und trotzdem wäre ich ausgeflippt. Jedenfalls war ich nach diesem Ausbruch um einiges ruhiger.

Nachdem ich mein Zimmer bezogen hatte und die Aufnahmeformalitäten erledigt waren, verabschiedete ich mich von Diana. Einige Untersuchungen standen schon an und die wollte ich alleine hinter mich bringen.

Wieder erntete ich erstaunte Blicke. Die Gesichter des Oberarztes, des Assistenz-Arztes und der Schwester werden mir immer in Erinnerung bleiben. Ich nehme an, dass alle drei das erste Mal einen Hodentumor dieser Größe sahen.

Ich wurde über die Operation aufgeklärt und auch über den möglichen weiteren Verlauf der Krankheit. Der Oberarzt erzählte mir von den guten Heilungschancen, über die Häufigkeit von Hodenkrebs bei jungen Männern (damals waren durchschnittlich etwa 30% aller Männer zwischen 18 und 30 Jahren betroffen, fast jeder Dritte in dieser Altersgruppe)[9]. Auch gab er mir zu verstehen, dass es keine Garantie gäbe, dass der Krebs nicht wieder kommt. Selbst wenn die 5 Jahre nach der Chemo ohne Auffälligkeiten verlaufen sollten.

---

9 So habe ich es das Gespräch in Erinnerung, es kann allerdings sein, dass ich oder der Arzt die Einheiten durcheinander gebracht haben. Durchschnittlich erkranken etwa 4.000 Männer pro Jahr an Hodenkrebs. Tendenz steigend. Die Hauptaltersgruppe liegt im Alter zwischen 25 und 45 Jahren. Siehe auch: http://www.krebsdaten.de/Krebs/DE/Content/Krebsarten/ aufgerufen am 26.06.2016

2.2 Die Hiobs-Botschaft

Wer schon im Krankenhaus lag, kennt es; Am Tag der Operation muss man nüchtern bleiben. Frühstück und sonstige Mahlzeiten fallen aus. Da ich eh kein großer Frühstücker war und bin, war an dieser Vorstellung für mich nichts Schlimmes. Bis zum Mittag komme ich ohne Essen gut aus. In einer Klinik ist das jedoch etwas anderes. Erst wurden meine Bettnachbarn und ich gegen 6:00 Uhr morgens geweckt und aus dem Bett gescheucht, damit die Frühdienst-Schwestern die Betten neu beziehen konnten. Zwischen 7:30 Uhr und 8:00 Uhr gab es Frühstück.

Nur leider nicht für mich. Menschen beim Essen betrachten, während ich nichts zu mir nehmen durfte, war schon eine Folter. Gegen 9:30 Uhr wurde ich gebeten, die »Scheiß-Egal«-Pille zu schlucken. Die Minuten schlichen wie Stunden vor mir her, während ich wartete, doch es passierte nichts. 11:00 Uhr, eine Schwester kam herein und sagte mir, dass die OP sich auf 13:00 Uhr verschieben würde. Wieder kroch die Zeit im Schneckentempo voran. Das Mittagessen wurde herein geschoben. Ich durfte zusehen, wie meine Bettnachbarn Kartoffelpüree, Mischgemüse und Putenschnitzel verzehrten. Krankenhauskost hat nicht den besten Ruf, aber mit meinem knurrenden Magen erschienen mir die Speisen, deren Duft mir in die Nase stieg, wie kulinarische Leckerbissen.

Mir gab man hingegen eine neue »Scheiß-Egal"-Pille, mit dem Hinweis, diese erst zu nehmen, wenn ich hierzu aufgefordert werden würde. Mittlerweile wurden schon Kaffee und Kuchen serviert. Mein Magen knurrte unterdessen richtig laut. Gegen 16:00 Uhr kam eine

Stationsärztin ins Zimmer: »Herr Dresen, ich habe eine Hiobs-Botschaft für Sie!«

Oh mein Gott, was kommt denn jetzt? Hatte der Krebs doch gestreut und metastasiert? Musste ich mich weiteren Untersuchungen unterziehen, damit festgestellt werden konnte, welche Regionen meines Körpers zusätzlich mitbetroffen waren? All diese Fragen und noch vieles mehr schoss mir durch den Kopf, noch bevor die Ärztin sagen konnte: »Sie werden erst Morgen operiert. Wir hatten Unfall-OPs. Können wir etwas für Sie tun?«

Der Stein, der mir vom Herzen fiel, knallte grade durch sämtliche Decken des Ernst-von-Bergmann. Ich wusste sehr genau, was man noch für mich tun konnte.

»ESSEN! Ich möchte was essen! Egal was und so viel wie möglich!«

2.3 Der Tag an dem ich operiert wurde

Am nächsten Tag vollzog sich zunächst das gleiche Spiel. Kein Frühstück für mich. Dieses mal wurde es jedoch ernst. Die „Scheiß-Egal"-Pille hatte noch nicht ihre volle Wirkung entfaltet, da wurde ich auch schon mit dem Bett über den Krankenhausflur in den Fahrstuhl geschoben.

Der Lift hielt, die Türen glitten zur Seite und es ging abwärts. Wieder wurde ich über einen Flur geschoben. Meine Glieder fühlten sich schwer an. Unfähig mich zu bewegen, nahm ich die freundlichen Stimmen der OP-Schwestern wahr, die mich begrüßten, als seien wir zum Kaffee verabredet. Was sie genau sagten, daran kann ich mich inzwischen nicht mehr erinnern. Lediglich die Worte des Narkosearztes habe ich immer noch im Ohr. »Hallo Herr Dresen, meine Name ist … . Ich bin heute Ihr Sandmann!«

Dann wurden auch schon die ersten Vorbereitungen an meinem Körper vorgenommen. Der Anästhesist hatte bereits das Mundstück mit dem Betäubungsgas in der Hand und gab mir zu verstehen ruhig zu atmen, wenn er mir die Maske aufsetzte. »Zählen Sie in Gedanken langsam rückwärts von zehn bis eins.« Ich zählte. Zehn, neun, acht, sieben … weiter kam ich nicht.

Ich lag bereits in meinem Krankenzimmer, als ich wieder zu Bewusstsein kam. Ein beißender Schmerz schoss durch meine Leiste, als ich versuchte mich zu bewegen. Es trieb mir sofort die Tränen in die Augen. Nachdem ich mich wieder gefangen hatte, blickte ich mich um.

An meinem Bett hingen zwei Plastikbeutel, an denen Schläuche befestigt waren. Diese liefen unter die Bettdecke.

Vorsichtig hob ich die Decke an. Das Krankenhausnachthemd war an einigen Stellen bräunlich-rot durchtränkt von meinem Blut. Einer der Schläuche verlief seitlich über mein Becken. Durch ihn tropfte langsam eine rote Flüssigkeit. Was durch den anderen floss war hellgelb und transparent. So was kannte ich bisher nur von älteren Menschen oder solchen, die einen schweren Unfall hatten. Sah man von der Kochsalzlösung ab, musste ich immerhin nicht künstlich ernährt werden.

In diesem Moment fühlte ich mich unendlich hilflos. Keine Bewegung ohne Schmerzen, angeschlossen an Schläuche, die Flüssigkeiten zu- oder abführten.

Ein paar Tage nach der Operation kam meine beste Freundin Corina mit ihrem damaligen Partner zu Besuch. Ich schlug vor, dass wir das Krankenzimmer verlassen, um in der Cafeteria des Krankenhauses Kuchen zu essen. Das Gehen war dabei die Herausforderung für mich. Immer noch tat mir alles im Lendenbereich weh. Vor allem auf der rechten Seite. Corina wollte mir einen mir einen Rollstuhl organisieren, was gar nicht so einfach war, denn frei Rollstühle waren auf der Urologie Mangelware. Zu guter Letzt stellte uns eine Krankenschwester ein Paar Krücken zur Verfügung und wir konnten die Reise durch Flure und Stockwerke beginnen. Blut und Urinbeutel befestigte ich an meinem Bein und wir machten wir uns auf den Weg.

Ich hatte unterschätzt, wie frisch meine Narben noch waren und was eine Operation im Lendenbereich für Auswirkungen haben kann. Bis zu diesem Zeitpunkt hatte ich noch keine solche Operation gehabt. Bei jedem Schritt zogen sich die Schmerzen durch meinen Körper und wir mussten immer wieder anhalten. Die Strecke zur Cafeteria, die sonst maximal zehn Minuten dauerte, wurde zu einer Tour von über einer halben Stunde. Immer wieder hielten wir kurz an, damit ich meinem Körper eine Verschnaufpause gönnen konnte.

»Wollen wir lieber Umkehren?«, fragte mich Corina, als ich wieder einmal stoppen musste.

»Lohnt nicht«, zwinkerte ich leicht angestrengt. »Der Weg zurück wäre länger.«

In der Cafeteria angekommen, nahm ich platz während Corina und ihr Freund Kuchen und Kaffee besorgten. Während wir dort zusammen saßen, erkundigte sich Corina nach meinem Befinden und wie es weitergehen würde. So gut ich konnte, antwortete ich ihr und teilte ihr mit, dass falls meine Haare während der Chemo ausfallen würden, ich mir diese direkt abrasieren lassen wollte. Sie schaute ein wenig entsetzt, schien aber zu verstehen, warum ich diesen Schritt dann so schnell wie möglich durchziehen wollte. Von ihr wollte ich wissen, was es in unserem Internetforum Neues gab und welche Ereignisse sonst in unserem gemeinsamen Freundeskreis statt gefunden hatten. Es tat gut die Geschichten zu hören und gab mir das Gefühl, immer noch Teil dieser Gemeinschaft zu sein.

Ausschnitt aus dem Pathologischen Befund

Pathologisch-anatomische Begutachtung und Beurteilung

Klinische Angabe / Fragestellung
Hodentumor rechts

Entnahmeort: Makroskopie
I. Hoden rechts; 150x90x80 mm großes Semikastrations-Präparat[...]. Auf den Schnittflächen ein mehrknotiges grau-weißes, teils gering eingeblutetes, teils nekrotisch zerfallenes Tumorgewebe über die gesamte Ausdehnung von 60 mm Durchmesser und 150 mm Länge. Ursprünglich unverändertes Hodengewebe auch randlich nicht mehr eindeutig erkennbar.
II. PE oberer Pol linker Hoden, III. PE unterer Pol linker Hoden: Je ein Bioptat von 3 mm.
[…]
Beurteilung
I. Klassisches Seminom des rechten Hodens mit Lymphgefäß- und Veneninvasion, vollständig reseziert. Tumorfreier Samenstrang (Semikastration rechts).
II., III. Jeweils Hodenparenchym mit einzelnen Mikroverkalkungen. Kein Nachweis einer TIN (oberer und unterer Pol linker Hoden)

Sehr kurz gefasst steht dort, dass der rechte Hoden zum Großteil aus totem Tumorgewebe bestand. In größeren Tumoren kommt es oft dazu, dass die Zellen nicht mehr ausreichend mit Blut und Nährstoffen versorgt werden und folglich absterben. Die Proben des linken Hodens ergaben, dass keine testikuläre intraepitheliale Neoplasie (TIN), eine Vorstufe des Hodentumors durch veränderte Zellen, vorhanden war. Positiv gesprochen: Der Linke war gesund, sieht man einmal von den Kalkablagerungen ab.

Beim ersten Lesen dieses Berichts verstand ich nur wenig. Wenn ich mich auch sonst eher von den Geschehnissen treiben ließ, weckte dieser meine Neugier. Im Internet recherchierte ich die Fachbegriffe. Für eines der Wortmonster brauchte ich keine Recherche: Semikastrations-Präperat. Von nun an durfte ich mich als Semikastrat bezeichnen. Was bedeutete das? Konnte ich jetzt eine halbe Oktave höher singen? Gab es überhaupt spezielle Unterwäsche für Eineiige?

In mir stieg Wut auf. Wut über diese klinische Sprache, über das billige Papier, über die Worte, die so fern jeder Gefühlsregung waren. Es war und ist mir bewusst, dass es unprofessionell wäre, anders zuschreiben und das der Pathologe überhaupt keine Beziehung zu mir hatte. Für ihn war es ein Teil seiner Arbeit, die er täglich verrichtete. Nicht anders, als wenn eine Kassiererin Waren über den Scanner zieht. Für mich hingegen war es ein Teil meines Körpers, den ich für immer verloren hatte. Aus meinen Fragen, die ich mir beim Lesen des Befundes stellte, bastelte ich mit der Zeit meine Antworten zurecht. So verwendete ich auf Erkundigungen nach meinem Befinden gern als Erwiederung: »Ich bin jetzt Semikastrat. Ich singe immer noch falsch, aber dafür etwas höher.«

Wenn sich hingegen jemand an das Thema Zeugungsfähigkeit wagte und fragte, ob mir das noch möglich sei, bekam er als Erwiederung: »Keine Ahnung, aber wenn, dann mach´ ich das mit links.«

Dabei kam ich mir unglaublich witzig und provokant vor. Es war mir ein regelrechter Genuss, wenn ich es mit solchen Äußerungen schaffte, meine Gesprächspartner zu einem verlegenen Schweigen oder einem schockierten Gesichtsausdruck zu bringen.

Aus heutiger Sicht beurteile ich dies anders. Grade in der Anfangsphase wollte ich mich mit meiner neuen Situation nicht auseinandersetzen. Die sarkastischen oder schwarzhumorigen Antworten waren meine Art, in der ersten Phase damit umzugehen. Es war mein Weg, mich von den Erlebnissen emotional zu distanzieren.

Für die Angehörigen:

Sarkastisches oder zynisches Verhalten bei einem Krebspatienten ist nicht ungewöhnlich in der ersten Phase nach OP und Therapie. Ich kann mir leicht vorstellen, dass Äußerungen in dieser Richtung auf dich befremdlich wirken können und dich sprachlos zurücklassen, weil du nicht weist, wie du diese einordnen sollst.

Wenn du damit konfrontiert wirst, dann sende eine klare Ich-Botschafft an dein Gegenüber. Dies kann zum Beispiel so aussehen: »Ich weiß nicht, warum du mir jetzt so antwortest. Wenn du mit mir nicht darüber reden willst, dann sag mir das. Ich fühle mich von dir nicht ernst genommen.«

Du brauchst hier keine Rücksicht zu nehmen, in dem du schweigst oder dich darauf einlässt. Mach ihm klar, dass du mit ihm vernünftig reden möchtest. Du schenkst ihm grade deine Zeit und willst dich mit ihm auseinandersetzen. Wenn er dazu nicht bereit ist, kann er dir das mitteilen. Mitunter neigen wir dazu aus Mitleid einem Kranken mehr durchgehen lassen, als wir es bei Gesunden zulassen würden. Das ist verständlich und menschlich, allerdings brauchst du dir als Angehöriger auch nicht alles gefallen lassen.

2.4 Zum zweiten Mal unters Messer

Am Ende der zweiten Woche nach der Operation entließ ich mich entgegen ärztlichen Rat selbst. Ich erhielt die Auflage, die Verbände regelmäßig zu wechseln und zur weiteren Beobachtung des Heilungsprozesses an bestimmten Tagen in die Klinik zurück zu kehren.

Es mögen vielleicht vier Tage gewesen sein, da verstärkten sich die Schmerzen unter meiner abheilenden Narbe. Die Schmerzen unterschieden sich zu denen, die ich beim Gehen hatte. Da ich ohnehin ins Krankenhaus musste, um neue Verbände zu holen, sprach ich dies dort auch sofort an. Der Arzt begutachtete die Wunde und stellte eine Entzündung fest. Diese hatte sich unter dem frischen Narbengewebe gebildet. Das hieß für mich eine erneute Operation.

Ich wählte die Vollnarkose. Genauso wenig wie beim ersten Mal wollte ich den Eingriff bei Bewusstsein erleben. Daher kam für mich eine lokale Anästhesie nicht in Frage. Vor Jahren war ich mit lokaler Betäubung am Fuß operiert worden. Hier hatte das Mittel erst nach mehrmaligem Spritzen langsam und nicht überall gewirkt. Das konnte niemand wissen und der Arzt stieß bei der Behandlung auch auf nicht-betäubte Bereiche, was mir höllische Schmerzen verursachte. Darüber hinaus war die Vorstellung bei einer OP den Ärzten beim Eingriff zu zusehen für mich der blanke Horror. Es spielte dabei keine Rolle, ob ich dabei nur die hantierenden Personen sehen konnte oder die Operation selbst.

Noch auf dem Weg vom OP-Saal ins Krankenzimmer erwachte ich. Diana wartete bereits dort. Das Bett wurde wieder an seinen Platz geschoben und ich griff nach ihrer Hand. Als ich sie zu fassen bekam, flüsterte ich ihr tränenerstickt zu: »Ich kann nicht mehr. Ich will, dass es vorbei ist.«

Heute kann ich nicht mehr genau sagen, was ich damit meinte. Ob ich mein Leben meinte oder ob es die psychischen wie physische Strapazen der zwei Operationen und Vollnarkosen waren oder ob etwas gänzlich Anderes. Ich weiß nur noch, dass ich am Ende meiner Kräfte, am Ende meiner Belastbarkeit angekommen war.

Noch eine ganze Weile hielten meine Tränen an, bevor ich mich wieder beruhigen konnte.

»Ich weiß, andere haben weit schlimmere Schmerzen und es geht vielen auch schlechter als mir«, sagte ich zu der Schwester, während sie den Verband wechselte. »Das mag sein, aber es sind Ihre Schmerzen, Herr Dresen. Sie sind jetzt da und es ist keine Schande zuzugeben, dass Ihnen etwas weh tut. Haben Sie also kein schlechtes Gewissen deswegen.«

Klasse! Diese freundliche Art und Weise mir zusagen, dass ich mir um andere jetzt keine Gedanken machen sollte, war genau die Klatsche, die ich gebraucht hatte. Meine Genesung stand für mich jetzt im Vordergrund. Hierauf musste ich meine Energie konzentrieren.

2.5 Ein Telefonat im Krankenhaus

›Du kannst nur bereuen, was du nicht getan hast.‹[10] Wenn es aus dieser Zeit etwas gibt, was ich bereue, dann dass ich meine Eltern nicht von mir aus mit einbezogen habe. Warum ich es nicht getan habe, kann ich heute gar nicht mehr in allen Facetten beschreiben. Rückblickend spielte unter anderem auch der Wunsch eine Rolle, dass, wenn ich sterben sollte, meine Eltern mich so in Erinnerung behalten sollten, wie sie mich zuletzt gesehen hatten. Und wenn ich nicht sterben sollte, dann wollte ich nicht, dass sie sich Sorgen machten. Dies war eine weitere meiner essentiellen Fehlentscheidungen, denn so erfuhren sie von meiner Krankheit und allem, was bis dahin passiert war, erst durch Zufall am 26. April 2006, meinem siebenundzwanzigsten Geburtstag.

Ich lag in meinem Krankenzimmer, immer noch mit den Nerven fertig von der zweiten Operation. Auf einmal vibrierte mein Handy. Ich blickte auf das Display und sah die Nummer meiner Mutter. Einen Augenblick zögerte ich, dann nahm ich das Gespräch an. Meine Mutter beglückwünschte mir in ihrer unvergleichlichen, fröhlichen Art. Ihre Stimme zauberte mir ein kurzes, stummes Lächeln ins Gesicht. Sie fragte, wie es mir ginge. In diesem Moment konnte ich nicht mehr. Ich erzählte ihr alles. Von der Diagnose, wie lange ich gewartet hatte, von der Operation und auch, dass ich wegen der schlechten Wundheilung ein zweites Mal operiert wurde und dass schon bald meine Chemotherapie beginnen sollte. Sie wirkte sehr gefasst. Aus den vielen Gesprächen, die ich über die Jahre mit ihr und meinem Vater zu meiner Erkrankung hatte, weiß ich, dass

---

10 ursprünglicher Verfasser unbekannt

mein Schweigen beiden sehr weh getan hat. Ungewollt hatte ich meine Eltern durch mein Verhalten in eine noch passivere Ecke gedrängt, als sie es eh schon gewesen wären. Dies an meinem Geburtstag zu erfahren war sicherlich auch noch mal ein zusätzlicher Schock.

Davon ließ sie sich nichts anmerken. Sie wollte mit meinem Vater sprechen und bot an, dass sie am Wochenende, bevor ich zur Chemo musste, auf einen Besuch vorbeikommen würden. Sie bat mich, mir zu überlegen, was ich haben wollte, denn sie würden Diana und mich versorgen und einkaufen. Für die angebotene Hilfe war ich sehr dankbar und antwortete, dass wir am besten am Wochenende noch mal telefonieren sollten, wenn ich wieder zu Hause sein würde.

Lieber Krebspatient, wenn du auch ähnlich tickst, dann hat dieser kurze Abschnitt eine wichtige Botschaft für dich. Egal wie sehr du dich verkriechen und für dich sein willst. Egal wie sehr du die Menschen in deinem Umkreis vermeintlich schützen willst, beziehe sie mit ein. Nichts verletzt einen Menschen dich liebenden Menschen mehr, als wenn du ihn aus deinem Leben ausschließt. Auch wenn du es gut meinst und dadurch deine Freunde und Bekannten nicht belasten willst. Auch wenn du auch nicht möchtest, dass sie sich deinetwegen Sorgen machen. Verheimliche es nicht! Wage die Flucht nach vorn! Denn wenn du es nicht tust, ist die Botschaft, die du diesen Menschen sendest: Ich möchte dich nicht an meinem Leben teilhaben lassen.

Außerdem hast du auch etwas davon, wenn du dich öffnest. Diese Menschen sind in einem der schwierigsten

Abschnitte deines Lebens für dich da. Das gibt dir den emotionalen Rückhalt, den du brauchst.

Lieber Angehöriger, ob das Verhalten deines Krebspatienten so extrem ist, wie in meinem Fall oder ob er nur etwas gebraucht hat um sich dir mitzuteilen. Verzeihe ihm dieses Verhalten. Er meint es nur gut. Es ist eine Art Schutzreaktion für dich und für ihn. Sei in dem Moment, in dem du davon erfährst für ihn da. Das heißt auch, ihm seinen Freiraum zu lassen, wenn er darum bittet oder diesen energisch fordert. Bleibt aber gleichzeitig hartnäckig, wenn du der Meinung bist, dass er sich zu sehr verkriecht. Ein spontaner Besuch kann niemals schaden.

2.6 Der Besuch

Meine Eltern besuchten uns genau an dem Wochenende vor Beginn des ersten Chemotherapie-Zyklus. Und sie hatten so einiges im Gepäck. Die Berge an Lebensmitteln, die sie mitbrachten, reichten gefühlt ein halbes Jahr. Brotbelag und Konserven aller Variationen hatten sie mitgebracht. Sieht man mal von den gefühlt 1000 Dosen Thunfisch in Sonnenblumenöl ab (sowohl Diana als auch ich bevorzugten Thunfisch in eigenen Saft) war es schon gut zu wissen, dass Vorratseinkäufe in der nächsten Zeit nicht unser Problem sein würden. Darüber hinaus hatte mir meine Mutter noch bequeme Wechselkleidung für die Zeit im Krankenhaus besorgt. Leichte Trainingshosen und T-Shirts, die meisten in meiner bevorzugten Farbe Schwarz. Von meiner Schwester brachte sie mir ein Dreiecktuch aus dem Army-Shop mit, sowie ein schwarzes Baumwolltuch. Diese hatte ich mir gewünscht. Als Mann hatte ich keinen Anspruch auf eine Perücke und so wollte ich meine bevorstehende Kahlköpfigkeit, sobald diese eintrat, bedecken können. Und ein wenig farbige Abwechslung war in meinen Augen auch nicht verkehrt. Schließlich musste so ein Kopftuch auch ab und an gewaschen werden. Vor meinem inneren Auge malte ich mir aus, wie ich mit Glatze und Kopftuch aussehen könnte. Ein wenig freute ich mich sogar darauf, denn die Bilder hatten schon etwas martialisches.

Trotz der reichhaltigen Vorräte waren meine Eltern der Meinung, dass das noch nicht reiche und fuhren mit uns in den nahegelegenen Supermarkt, um weitere Lebensmittel zu besorgen. Während ich diese Zeilen schreibe, muss ich lächeln. Meine Eltern sind toll. Auf ihre Art haben sie versucht mit den Mitteln zu unterstützen, die sie hatten. Aufgrund der Entfernung zwischen Bonn und Potsdam war das ihr Weg. So mussten wir uns in den nächsten Wochen nicht allzu viele Gedanken über Einkäufe machen.

Weniger schön beim Einkaufen war der Gang durch den Potsdamer Hauptbahnhof und den Supermarkt. Das erste mal bemerkte ich ein Unwohlsein in den durcheinander wabernden Menschenmassen. Während wir durch den Laden gingen, bekam ich einen Schweißausbruch nach dem anderen. Zum einen, weil mir das Gehen immer noch schwerfiel, zum anderen merkte ich, dass ich regelrecht Beklemmungen bekam, wenn zu viele Menschen um mich herum waren. Was mir zu diesem Zeitpunkt noch nicht bewusst war, dass ich noch lange Zeit mit diesen Beklemmungen zu tun haben würde.

2.7 Der erste Zyklus der Chemotherapie

Nach einem für mich sehr schönem Wochenende, begleiteten meine Eltern und Diana mich am Sonntagabend in das Ernst-von-Bergmann Klinikum.

»Oh, das sieht hier aber toll aus!«, sagte meine Mutter, als wir mein Zimmer betraten. Den meisten anderen hätte ich in diesem Moment an den Kopf geknallt, was denn an diesem verdammten Krankenhauszimmer so toll sein sollte. Drei Betten, Nasszelle, Fernseher an der Decke. Wände in gedecktem Weiß und elektrisches Licht von oben gab es auch. Ganz toll. Jedoch hielt ich mich zurück, denn ich wusste, sie wollte mir und sich damit ein gutes Gefühl verschaffen. Eine andere Form sich selbst zu sagen, dass alles gut wird.

Zum Glück blieb es mir erspart, dass ein Port gelegt wurde. Die Infusionen wurden mir über eine Nadel im Arm eingeflößt. Ich wurde darauf hingewiesen, dass dieser nachträglich gelegt werden könne, falls es Komplikationen geben sollte. Die erste Woche des Zyklus vertrug ich auch recht gut. Lediglich zum Ende des Tages fühlte ich mich zunehmend müde und lustlos und auch mein Appetit nahm ab. Zwei der Präparate empfand ich als unangenehm. Das eine, weil es sich anfühlte, als wenn jemand versuchte einen etwas zu großen Stab durch meine Ader zu drücken und das andere verursachte bei mir ein Gefühl, als ob jemand meinen Körper unter schwachen aber in der Intensität schwankenden Strom stellen würde.

Als kleine Hinweis für dich, lieber Krebspatient, falls auch du eine stationäre Chemotherapie in Anspruch nehmen musst.

Rückblickend habe ich eine Sache zu wenig ausgenutzt. Im Ernst-von-Bergmann-Klinikum gab es damals einen kleinen Sonderservice. Ich durfte abseits vom normalen Speiseplan Wünsche äußern, was ich essen wollte. Sofern diese nicht zu exotisch waren, wurden sie auch erfüllt. Eine echt tolle Sache. Falls dies dir in deinem Krankenhaus auch angeboten wird, nutze es so oft wie möglich.

Warum dies gemacht wird? Zum einen dient es als kleines Trostpflaster für dich, zum anderen ist eine der Nebenwirkungen der Chemotherapie Appetitlosigkeit. Damit die Patienten dennoch essen, bekommen sie diese Wunschgerichte.

Auch wenn ich kein großer Frühstückesser bin, esse ich gerne. Doch obwohl die Küche des Ernst-von-Bergmann Klinikums sehr gut ist, ließ ich grade gegen Ende der Chemo oft die Mahlzeiten fast unangetastet zurückgehen. Ich hätte wahrscheinlich mehr gegessen, wenn ich mir öfter etwas gewünscht hätte.

2.8 Neue Frisur

Es geschah genau an dem Tag, als ich zum Ende des ersten Zyklus stationär ins Krankenhaus musste. Ich hatte die Hälfte der Zeit grade hinter mir, als ich mir über meinen Kinnbart fuhr. Erst dachte ich an eine Täuschung, denn als ich in meine Hand blickte wurde mir gewahr, dass ich mich nicht geirrt hatte. Die ersten Haare fielen aus. Es dauerte nur kurz und ich hatte meinen Entschluss gefasst. Ich wollte nicht neben Haarbüscheln aufwachen. Also informierte ich Diana und Corina, dass nun die Zeit gekommen war. Am gleichen Abend noch ließ ich mir den Kopf kahlscheren.

Ein seltsames Gefühl, als ich mich im Spiegel betrachtete. Wo vorher eine lange Mähne war, glänzte nun weiße Kopfhaut. Lange ertrug ich diesen Anblick nicht und band mir das schwarze Tuch um den Kopf. So hatte ich zumindest durch den Stoff noch ein ähnliches Gefühl, wie das des wehenden Haares. Diese ›Haarprothese‹ gab mir ein wenig Sicherheit. Dennoch war es seltsam keine Haare und keinen Bart mehr zu haben. Ich fühlte mich nackt und entkräftet. Gedanken an die alttestamentarische Geschichte von Samson und Deliah kamen mir in den Sinn. Der äußerliche Verlust meiner Haare war wie eine Metapher für meine schwindende (Mannes-)Kraft.

Was ich an dieser Stelle anprangere, ist die Tatsache, dass die Krankenkassen zwar für Frauen und Kinder Perücken genehmigen, aber Männen den Anspruch verwehren. Es mag albern erscheinen und ein unbedeutender Aspekt im Gesamtgefüge sein. Dennoch halte ich diese Einstellung der Krankenkassen für überholt. Männer leiden ebenfalls unter dem Verlust ihrer Haare. Für mich zeigt diese Einstellung der Krankenkassen, dass hier immer noch das Bild des Mannes mit Kurzhaarfrisur vorherrscht. Ich bin überzeugt, dass es viele Männer, die durch Chemotherapie ihre Haare verlieren, sehr zu schätzen wissen, wenn sie die Möglichkeit hätten, eine Perücke finanziert zu bekommen. Das gilt nicht nur für Langhaarige, sondern auch für Männer mit Kurzhaarfrisur. Die Gründe sind die gleichen wie bei Frauen. Es kann ein wenig das Selbstbewusstsein stärken und schützt in der Öffentlichkeit vor seltsamen Blicken. Ich hoffe sehr, dass hier zukünftig Änderungen im Denken der Krankenkassen geschehen.

2.9 Eine Begegnung

Es gehörte zu meinem täglichen Ritual, abends, nach dem die Chemo und das Abendessen vorüber waren, noch eine Weile in den Innenhof des Krankenhauses zu gehen, um den Tag zu beschließen. Ich genoss die Abendsonne und rauchte meine tägliche Zigarette. Es wurde zum festen Ritual. Ab und an saß ein junger Mann dort und zeichnete. Ich schätzte ihn auf Anfang zwanzig. Auch er hatte eine Glatze und das typische Aussehen eines Krebspatienten während der Chemo. Sein Körper war ausgemergelt, seine Haare bis auf die Augenbrauen ausgefallen. Seine Augen blickten leer aus den von dunklen Ringen umrandeten Höhlen. Mich wunderte, wie er überhaupt den Bleistift halten konnte. Er machte mich als einziger Mensch während meines Krankenhausaufenthaltes neugierig. Eines Tages ging ich auf ihn zu und fragte, ob ich mich dazugesellen dürfe. Wir sprachen nicht viel, aber ich erfuhr, dass er bereits den zwöften Zyklus durchführte. Es war auch unklar, wie viele noch kommen würden. Mindestens noch zwei und dann würde man weiter sehen.

Ich hab mich nicht gewagt nach der Krebsart zu fragen und wollte lieber wissen, was er zeichnete. Jetzt würden bei der Kombination Krebs und Bleistiftzeichnung düstere Bilder wunderbar ins Gesamtkonzept passen. Doch war dies nicht der Fall. Ich habe in meinem Leben nie wieder so ›bunte‹ und hoffnungsvolle Schwarz-Weiß-Zeichnungen gesehen. Es war erstaunlich, wie gut er das konnte. Auf geheimnisvolle Weise verstand er es, seine Zeichnungen lebendig werden zu lassen. Seine Bilder strahlten immer etwa positives und kraftvolles aus. Für ihn war es Selbsttherapie. Diese Bilder – Landschaften, Portraits, Stillleben – erinnerten ihn daran, dass es ein Leben vor, mit und nach dem Krebs gab.

Ihm beim Entstehen seiner Werke zuschauen zu können, war für mich Genuss und Bereicherung. Es faszinierte mich jedes mal, wenn aus den Strichen langsam Bilder wurden. Leider weiß ich nicht, was aus ihm geworden ist. nach seinem Namen gefragt habe ich ihn nie. Auch kam keiner von uns auf die Idee Kontakte auszutauschen. Für ihn wünsche ich mir sehr, dass er es geschafft hat und viele weitere Bilder entstanden sind.

2.10 Bettnachbarn und Besuche

Bettnachbarn im Krankenhaus sind so eine Sache für sich. Du kannst Glück haben oder Pech. Aufgrund der langen Zeit, die ich im Krankenhaus verbrachte, hatte ich sowohl Zimmergenossen, die angenehm oder zumindest nicht störten, als auch solche, die ich inklusive ihrer Besucher gern aus dem Fenster geworfen hätte. Besonders in Erinnerung ist mir die Golfball-Ei-Familie geblieben.

Irgendwann bekam ich einen Herren mittleren Alters, er wird so um die fünfzig Jahre gewesen sein, auf mein Zimmer. Auch bei ihm hatte man Hodenkrebs diagnostiziert. Anders als bei mir in einem sehr frühen Stadium. Aufgrund seines Alters und der abgeschlossenen Familienplanung würde er keine Chemotherapie, sondern Bestrahlung bekommen.

Kurz vor seiner Operation bekam er Besuch von seiner Familie.

Seine pubertierenden Kinder rissen die ganze Zeit Sprüche über das »Golfball-Ei«. Ging mir das auf die Nerven. Scheinbar kapierten sie nicht, was da bei ihrem Vater los war. Ich dachte bei mir: ›Golfball-Ei! Wie lächerlich! Wenn ihr wüsstet, was ich hatte, würdet ihr keine dämlichen Sprüche mehr machen.‹

Aber auch der Herr war da nicht besser und machte ordentlich mit. Zu diesem Zeitpunkt dachte ich noch, dass er die Situation herunter spielte, um seine Kinder nicht zu beunruhigen.

Jedoch spielte er seine Situation genauso in anderen Gesprächen mit mir und anderen herunter. Ich frage mich bis heute, ob es nur Verdrängung war oder er gar nicht richtig verstanden hatte, was in ihm geschah.

Mich ärgerte das sehr, hatte ich doch selbst viel zu lange ignoriert, was in mir vor sich ging. Jetzt, da ich mich aufgeklärt fühlte und mir selbst das Versprechen gegeben hatte in Zukunft besser auf mich acht zu geben, kam dieser Mensch und verschwendete allem Anschein nach keinen Gedanken daran. Er kam mir ein wenig so vor, als betrachtete er seinen Körper als Gerät, das in die Reperatur musste. Rein ins Krankenhaus, rauf auf den OP-Tisch, wieder runter und raus aus dem Krankenhaus.

In angenehmer Erinnerung ist mir Robert[11] geblieben. Ebenfalls ein Leidensgenosse, etwa zwei Jahre jünger als ich. Robert war zwar ein Technojünger und fuhr einen tiefergelegten Golf, aber er hatte das Herz am rechten Fleck. Mit ihm führte ich gern Gespräche über die Dinge, die uns so bewegten: Wie kommen unsere Partnerinnen, Freunde und Familie damit klar. Wie würde es mit der Arbeit weitergehen oder wie gingen wir damit um, dass die Familienplanung schwieriger werden würde.

Es gab Phasen, in denen ich das Zimmer für mich allein hatte. Diese Phasen waren für mich großartig, denn mir wurden keine Gespräche aufgedrängt, die ich nicht führen wollte. Von Zeit zu Zeit sehnte ich mich wiederum nach Gesellschaft. Oft nur kurz für ein paar Minuten. Doch außer Diana kam selten jemand.

Es mussten erst Jahre vergehen, damit ich begriff, woran es lag, dass so selten jemand kam: »Du hast mir gesagt, dass du nicht willst, dass ich dich weiterhin so sehe.«

---

[11] Name aus Datenschutzgründen geändert

Für diese ehrlichen Worte, die Corina mir in einem Gespräch während der Entstehungsphase dieses Buches sagte, bin ich mehr als dankbar. Mir war überhaupt nicht bewusst, weder in jenen Tagen, noch bis zu diesem Satz, dass ich mich selbst in die Einsamkeit getrieben hatte. Alle Menschen in meinem Umkreis hatte ich damit vergrault indem ich sie mit diesem oder ähnlichen Sätzen von mir gestoßen hatte.

Konnte ich ihnen eine Vorwurf daraus machen? Nein, sie haben getan, was ich vorgab zu wollen. Doch was steckte wirklich dahinter? Natürlich wollte ich meine Freunde um mich wissen. Ein wenig Ablenkung vom Krankenhaus-Alltag und dem schlechten Fernsehprogramm. Was wirklich hinter meiner ablehnenden Haltung stand, war mein Gefühl, dass ich immer wieder hatte, wenn ich Besuch bekam. Diese mit- und wehleidigen Blicke, die an mir hafteten, so als hätte ich die letzte Ölung bereits erhalten. Mein Gott, ich hatte Hodenkrebs und alles in allem mehr Glück als Verstand gehabt. Kaum eine Krebserkrankung hat bessere Heilungs-Chancen. Mich kostete es viel Kraft, gerade während der Chemo, noch zu lächeln und zu sagen: »Ich schaffe das schon!«

Für die Angehörigen:
Die letzten Zeilen mögen undankbar und harsch klingen. Wie sollst du dich denn hier richtig verhalten? Die Floskel ›Das schaffst du schon‹ kommt dir hohl und wenig aufbauend vor. Deine Intuition gibt dir recht. Mit so einem Satz ist keinem geholfen. Jemand mit Krebs denkt hier nur: »Woher willst du das wissen? Weist du, wie es in mir aussieht? Ist dir klar, dass ich erst letzte Nacht darüber nachgedacht habe, dem allen hier ein Ende zu setzen?«

Viel wichtiger ist, dass der Erkrankte von euch die Botschaft erhält, dass er nicht allein ist. Wie stellt ihr das an? Zum einen: Keine Trauerminen, wenn Ihr ihn oder sie besucht. Was macht ihr, wenn er keine Besuche will?

1. Nicht beleidigt sein.
2. Für den Moment diesen Wunsch respektieren und
3. nach Ablauf von etwa einer Woche trotzdem einen Besuch abstatten.

2.11 Der 2. Zyklus der Chemotherapie - Visiten

Zu Beginn des zweiten Zyklus ging es mir noch recht gut. Doch bereits am dritten Tag schmerzten mich die Zytostatika[12] mehr als zu vor. Vor allem das, welches sich anfühlte, wie schwacher Dauerstrom. Mir wurde zum ersten Mal schlecht, übergeben musste ich mich jedoch nicht. An manchen Tagen war dies so heftig, dass ich die meiste Zeit im Halbschlaf war und vereinzelt das Ritual abends in den Innenhof zu gehen ausfallen ließ. Mit dem Rauchen hörte ich noch zu Beginn des zweiten. Zyklus auf. Der bloße Gedanke an einen Glimmstängel verursachte bei mir direkt Übelkeit.

Es fiel mir immer schwerer Mahlzeiten zu mir zu nehmen. Ich zwang mich dazu viel zu trinken, damit die Nieren gut arbeiteten und so die Gifte der Chemotherapie möglichst schnell aus meinem Körper gespült werden konnten.

Mich nervte das immer mehr. Ich wollte so schnell wie möglich raus aus dem Krankenhaus. Jeder Tag, den ich hinter mir hatte, war ein guter Tag, weil er vorbei war.

Zu Beginn meines Krankenhausaufenthaltes fand ich die Visiten des Chefarztes ganz abwechslungsreich. Es war durchaus spannend dem zu lauschen, was er und die anderen Ärzte so von sich gaben, auch wenn ich das meiste davon nicht verstand oder mittlerweile vergessen habe. Irgendwann wiederholt sich alles und es wird belanglos.

---

12 Zytostatika: Oberbegriff für natürliche oder synthetische Substanzen, die in der Chemotherapie eingesetzt werden um das Zellwachstum bzw. die Zellteilung zu hemmen. Quelle https://de.wikipedia.org/wiki/Zytostatikum zuletzt aufgerufen am 30.06.2016

Was ich noch behalten habe war, dass ich nach Meinung der Ärzte die Chemotherapie gut verkraftete.

»Und die Haare wachsen wieder. Sie werden sehen, noch viel schöner«, sprach mir eine Schwester Mut zu. Es kam auch wirklich so. Als meine Haare nach Abschluss wieder zu wachsen begannen, waren sie kräftiger und weicher als die Jahre zu vor. Doch dies war zu jenem Zeitpunkt für mich noch nicht greifbar.

Für den Krebspatienten:

Die Chemo ist nicht das Ende. Auch wenn es Tage gibt, an denen es dir so vorkommt.

Es mag sein, dass du dir die Seele aus dem Leib kotzt oder du so müde bist, dass du nicht mal in der Lage bist etwas zu essen. Wozu du dich aber zwingen solltest: Viel Wasser und milden Tee trinken, um die Nieren in Funktion zu halten, damit diese die Gifte wieder aus deinem Körper spülen. Auch wenn es nervig ist stündlich mit dem Tropf zur Toilette zu gehen, ist es langfristig das kleinere Übel.

2.12 Interview mit einer Krankenschwester

Das einzige Interview mit einer Fachkraft aus der Krankenpflege führte ich im Oktober 2015 in Berlin mit Carola[13]. Sie machte auf mich den Eindruck einer Krankenschwester, die diesen Beruf sehr bewusst und mit Begeisterung gewählt hat.

Frage: Du kommst aus der Onkologie und bist jetzt aber auf einer anderen Station?

Antwort: Genau, ich wurde nach der Elternzeit versetzt und nach der Ausbildung 2011 wurde ich auf der onkologischen Station eingesetzt.

F: Du wurdest eingesetzt?

A: Beziehungsweise ich habe es mir selbst ausgesucht und die PDL (Pflegedienstleitung) hat es umgesetzt.

F: Was hat dich besonders gereizt an der Onkologie?

A: Zum einen war es der Wunsch individuell und ganzheitlich am Patienten zu arbeiten. Des Weiteren habe ich mir eine anspruchsvolle Tätigkeit gewünscht, die mich fördert und auch fordert, und natürlich ist das Gebiet Onkologie sehr interessant und vielseitig.

F: Was interessiert dich genau an der Onkologie?

---

13 Aus Datenschutzgründen Name geändert

A: Die medizinischen Behandlungsformen tatsächlich und natürlich die Arbeit am Patienten. Ich hatte immer das Gefühl, dass auf der Onkologie etwas mehr Zeit ist als auf den anderen Stationen und die Arbeit verläuft nicht wie am Fließband.

F: Wie alt warst du damals?

A: Fünfundzwanzig.

F: Kannst du dich noch an deinen ersten Tag auf der Onkologie erinnern?

A: Ja, der war sehr spannend. Ich hatte bereits auf der Onkologie mein Examen absolviert und kam frisch nach der Ausbildung auf eine onkologische Station in einer anderen Klinik. Bei der Klinik, in der ich jetzt noch arbeite, war der Ablauf etwas anders und in meinem ersten Dienst verstarben gleich zwei Patienten. Das war schon ein Unterschied, denn der kurative[14] Ansatz stand auf der Station, auf der ich gelernt habe noch mehr im Vordergrund. Dadurch sind auf meiner Prüflingsstation noch wesentlich weniger Patienten verstorben. Die Patienten wurden bestrahlt und wenn nur noch eine palliative Bestrahlung möglich war, wurden diese nach Abschluss der Behandlung meist ins Hospiz verlegt.

---

14 Quelle http://flexikon.doccheck.com/de/Kurativ

F: Du hast gesagt, die Vielseitigkeit. Der Normalsterbliche, der sich mit Krebs weniger beschäftigt, kennt meist nur die geläufigen Behandlungsmethoden. Also OP, Bestrahlung oder Chemo, oder sogar beides. Was hast du für alternative Formen kennengelernt?

A: Auch ich kenne in erster Linie die operative Behandlung, sowie Chemotherapie oder Bestrahlung und natürlich kommt dann, wenn es um die Sterbebegleitung geht noch die Palliativmedizin hinzu, das heißt, die symptomlindernde Pflege.

F: Wie sah die bei euch aus?

A: Sehr wichtig ist das Schmerz-Management, also dass man die Patienten befragt, ob sie Schmerzen haben und bei jenen, die sich nicht mehr äußern können auf entsprechende Signale achtet. Man kann auch nonverbal erkennen, ob jemand Schmerzen hat oder nicht. Das erfordert natürlich auch interdisziplinäre Zusammenarbeit, denn die Ärzte sehen die Patienten nur punktuell in Visiten.
   Das bedeutet, dass wir als Pflegepersonal den Ärzten vermitteln müssen, wie die Schmerzsituation aussieht. Wir haben in unserer Klinik das Konzept der Aroma-Pflege, was nicht schulmedizinisch, sondern alternativmedizinisch ist und damit haben wir sehr gute Erfolge erzielt. Zum Beispiel verwenden wir bei Schlafstörungen Einreibungen mit Lavendelöl um dem Patienten einen ruhigen Schlaf zu ermöglichen.

F: Was waren den deine bewegendsten Erlebnisse?

A: Ich kann mich an einen sehr schönen Moment erinnern. Ich hatte Nachtdienst und ein Philosophie-Professor hat mir selbstgeschriebenen Gedichte vorgelesen. Das hat mich sehr bewegt. In den Gedichten ging es um Sinn, Leben und Tod. Es ist schon sehr interessant, wie ein strebender Mensch dies alles reflektiert.

Dann war für mich sehr beeindruckend der Fall einer Patientin, die ursprünglich aus Spanien stammte. Sie lag bei uns sterbend. Wir haben nicht gewusst, was mit ihr los ist. Sie hat sich nicht äußeren können, aber wir haben gemerkt, dass sie nicht loslassen konnte und dann hat die Psycho-Onkologin herausgefunden, dass es einen ungelösten Konflikt in ihrer Familie gibt. Wir haben dann den Kontakt zu der Familie aufgenommen und haben erreicht, dass die spanischen Angehörigen nach Deutschland kamen und dann konnte die Frau sich beruhigen, loslassen und sterben. Manchmal hab ich dieses Gefühl, dass ein Patient nicht loslassen kann, wenn es in der Familie Konflikte gibt.

F: Kommt das häufiger vor? Wie gehst du für dich damit um?

A: Ja, oft wenn es noch ungelöste Konflikte gibt oder wenn Patienten Angehörige länger nicht gesehen haben. Erst wenn die Konflikte gelöst sind oder der Patient seine Angehörigen nochmal gesehen hat, gelingt es diesem, dann auch loszulassen. Das klingt vielleicht auch etwas spirituell, aber das sind die Erfahrungen, die ich und viele meiner Kolleginnen gemacht haben.

Und dann ein trauriger Moment. Wir haben sehr viele Leukämie-Patienten und haben die meist von der Diagnose bis zum Tod begleitet. Man kennt aus den medizinischen Fachbüchern auch Erfahrungen, dass die Chemotherapie und die Stammzellentransplantationen was gebracht hat. Und ich musste leider die Erfahrung machen, dass all diese Patienten, die ich dort kennengelernt habe, seit Diagnosestellung aus unterschiedlichen Gründen verstorben sind.

Im Bezug auf den Umgang mit sich selbst denke ich, dass Achtsamkeit sehr wichtig ist. Das heißt für mich auf meine Gefühle zu hören und meine Grenzen wahrzunehmen. Also wenn ich merke, es geht grade nicht, dass ich dann meine Kollegen um Hilfe bitte. Das war bei uns nie ein Problem oder auch, dass wir uns gegenseitig die Möglichkeit geben, eine Pause zu nehmen, dass ich aus dem Zimmer gehe und einen Kollegen rein schicke.

Natürlich habe ich auch individuelle Bewältigungsstrategien entwickelt. Man muss eben in seiner Freizeit für Ausgleich sorgen. Sei es Bücher lesen oder einfach das Drumherum schön gestalten. Ich denke, man braucht auch ein sehr stabiles Familienleben um das überhaupt machen zu können.

F: Wie behandelst du deine Patienten?

A: Ich schaue immer ganz genau, was braucht der Patient grade. Symptomlinderung ist für mich sehr wichtig. Also wenn ich merke, der Patient hat Atemnot, hat Schmerzen, eben diese Symptome auch zu lindern.

Dann ist es mir sehr wichtig, dass auch die Angehörigen mit einbezogen werden, weil ich persönlich denke, niemand sollte alleine sterben und wenn ich sehe, dass die

Angehörigen nicht da sein können, versuche ich mir Freiräume zu schaffen um mich wirklich intensivst um den Patienten zu kümmern. Das heißt für mich natürlich auch, dass ich mich ab und an auch gegen die Ärzte durchsetze, denn Palliativmedizin wurde im Studium bisher immer sehr stiefmütterlich behandelt.

Die Ärzte wissen oft noch nicht bescheid und haben den kurativen Ansatz im Kopf. Es werden zum Beispiel Infusionen angesetzt, die gar nicht mehr sein müssen und muss man sich eben auch manchmal über die Meinung der Ärzte hinwegsetzen.

F: Ist das nicht manchmal schwierig? Wo setzt du an, um den Arzt zu überzeugen?

A: Ja, das ist sogar sehr schwierig zumal es ja, wie fast überall, diese hierarchische Struktur gibt und einige Ärzte fühlen sich dann auch gekränkt oder auf den Schlips getreten, wenn man sagt: »Du, aus eigener Erfahrung bringt es nichts, diesem Patienten noch eine Infusion anzuhängen.«

Mittlerweile ist bekannt, dass ein sterbender Patient nicht verdurstet. Er leidet lediglich unter Mundtrockenheit. Das heißt, man muss die Infusionen absetzen und dafür sorgen, dass der Mund öfter befeuchtet wird.

Sterbende Patienten nehmen oft keine Flüssigkeiten mehr zu sich und wollen auch nichts mehr essen. Wenn man dann nichts mehr isst und trinkt in der Sterbephase, weil das Durst- und Hungergefühl weg ist, trocknet dann der Mund aus.

F: Was würdest du dir denn von Angehörigen als auch von Patienten mehr wünschen?

A: Vom Patienten kann man sich nicht viel Wünschen, weil jede Krankheit und jedes Sterben individuell ist.

Ich würde mir wünschen, dass uns einige Patienten mehr Vertrauen schenken. Natürlich müssen wir auch akzeptieren, wenn das nicht so ist. Von den Angehörigen wünsche ich mir mehr Mitarbeit. Wir sehen oft, dass Patienten nicht mehr besucht werden und dann ohne Familienbeistand versterben. Das finde ich sehr traurig. Und auch mehr Vertrauen.

Es gibt einige Angehörige, die nahezu alles hinterfragen, was natürlich auch legitim ist, aber es ist manchmal wirklich schade, wenn man immer und immer wieder merkt, dass da Misstrauen uns gegenüber ist. Ich kann das durchaus verstehen, denn ich denke, dass ginge mir auch so, wenn ich einen angehörigen in der Sterbephase begleiten müssten.

Wir versuchen jede Handlung am Patienten zu erklären. Wieso, weshalb, warum diese und jene Maßnahme durchgeführt wird. Damit kommen wir den Angehörigen entgegen. Normalerweise ist es so, dass diese raus geschickt werden, wenn wir als Pflegepersonal im Zimmer etwas machen.

F: Hattest du ein besonders schönes oder schlimmes Erlebnis mit Angehörigen?

A: Eher traurig und faszinierend zugleich. Wir hatten eine alte Frau auf Station und die wurde jeden Tag von ihrem liebenden Ehemann umsorgt und gepflegt. Und als sie dann starb, verließ er die Station mit den Worten: »Jetzt hat mich die alte Zicke allein gelassen.«

Das fand ich sehr bewegend, weil sie nach der Diagnose zu uns zur Therapie kam. Irgendwann stellte sich heraus, dass diese Therapie nicht mehr viel bringt und das sie definitiv sterben wird. Der Mann fing schon an zu trauern, bevor sie überhaupt tot war. Und als sie dann verstorben war, war er eben ganz sachlich. Wir hatten alle erwartet, dass er in Tränen ausbricht und dann ging er einfach mit diesen Worten.

F: Aus dem Bauch heraus. Welche Krebsarten hast du als häufigste Todesursachen erlebt.

A: Bei Frauen tatsächlich Brustkrebs.

F: Immer noch? Obwohl das recht gut therapierbar ist?

A: Ja, immer noch.

F: Und bei Männern?

A: Das kann ich gar nicht so genau sagen. Es ist sehr unterschiedlich. Tatsächlich viele Leukämie-Patienten.

F: Was denkst du, müsste sich noch verbessern. Sowohl für euch als Personal, als auch für den Patienten.

A: Für uns und für den Patienten wäre es wichtig, dass sich etwas am Pflegeschlüssel ändert. Es wird immer mehr gekürzt, es wird immer mehr gespart. Es kommen immer weniger Pflegekräfte auf immer mehr Patienten. Das ist sehr traurig, denn irgendwann kann man diese Arbeit nicht mehr kompensieren.

Letztendlich ist es so, dass wir nur noch dokumentieren, dokumentieren und eigentlich das Gefühl haben, dass wir für all das andere, was wirklich wichtig ist und worauf es ankommt immer weniger Zeit haben. Das geht, denke ich, den Kollegen in anderen Bereichen ähnlich. Unsere Hauptaufgabe ist zu pflegen und zu begleiten und dafür brauchen wir mehr Personal und eine PDL, die mehr hinter uns steht und schaut, dass die Stationen und Dienste besser besetzt sind.

Auch Angebote, wie Supervision, und Fort- und Weiterbildungen. Supervision im Team findet zwar statt, aber ich fände es besser, wenn jemand von außen in die Situation hinein kommt und sich mit uns bespricht.

F: Hast du denn noch eine Botschaft, was du immer mal sagen wolltest, an jene die nichts mit Krankenpflege zu tun haben?

A: Ich möchte gern sagen, dass unser Beruf oft unterschätzt wird und wir viel zu wenig Anerkennung finden und man das auch von politischer Seite merkt, da immer mehr Kürzungen stattfinden.

Man sollte bedenken, dass sich immer mehr bewusst gegen den Beruf entscheiden, weil sie es nicht mehr machen möchten, weil die Zustände immer schlimmer werden. Ich sehe, dass es in den nächsten Jahren eher noch schlechter als besser wird. Ich sehe momentan keine Besserung, ich sehe nur Verschlechterung. Ich denke, hier sind wir alle gefragt, denn wir müssen der Pflege mehr Ansehen geben in der heutigen Gesellschaft.

Ich erwarte auch, dass man uns einen Platz gibt. Genau wie man den Ärzten ein Ansehen zuspricht, so sollte man auch uns ein Ansehen zu sprechen. Denn wir sind vierundzwanzig Stunden und dreihundert fünfundsechzig Tage im Jahr am Patienten. Wir leisten die Hauptarbeit, denn wir sind die ausführenden Kräfte. Die Ärzte haben ihr Medizinstudium absolviert, sie ordnen an und wir führen die Pflege durch und sind letztendlich am Patienten.

F: Was mich jetzt noch interessiert. Du sagst, die Anerkennung eures Berufes in der Gesellschaft ist nicht groß. Die Ausbildung zur Krankenschwester bzw. -pfleger. Wie lange dauert die?

A: Drei Jahre. Letztendlich unterteilt sich das in Theorie und Praxis. Man muss in bestimmten Bereichen eine gewisse Stundenzahl absolvieren, zum Beispiel Chirurgie oder innere Medizin, Psychiatrie und dann orientiert sich die theoretische Ausbildung auch daran.

Es gibt verschieden Themenfelder, die durchgearbeitet werden. Sei es Anatomie, Psychologie, auch Recht, Sozialwissenschaften, Medizin, Gesundheits- und Krankheitslehre. Es gibt diverse Weiterbildungen unter anderem auch im Fachbereich der Onkologie oder auch die Fachschwester im Bereich der Palliativ-Care. Das ist dann ein Kurs von insgesamt 120 Stunden, den man absolvieren kann um besser für die palliative Station oder im Hospiz ausgebildet zu sein. Dort geht es um Schmerz-Management, Symptomlinderung, Kommunikation, psychologische Hintergründe, Sterbeprozess, Trauerprozess, Trauerbewältigung, um einige Punkte zu nennen.

Wir sind wirklich mehr als die Arschabwischer der Nation. Ich weiß nicht, wie ich das anders umschreiben soll, aber so werden wir oft dargestellt. Aber wir haben eine hochqualifizierte Ausbildung.

Wir sind so gut ausgebildet, dass wir auch viele ärztliche Tätigkeiten übernehmen. Grade auch auf einer onkologischen Station, sei es Blut abnehmen, Portnadeln setzen, was im Ursprung Tätigkeiten der Ärzte sind.

F: Hat sich dein Blick auf das Leben geändert?

A: Ja, ich denke viele Sachen, die mir einst wichtig erschienen, sind mittlerweile trivial. Sei es der Streit mit dem Freund oder Bekannten. Man nimmt das Leben intensiver wahr, wenn man mit Sterbenden arbeitet. Man lebt intensiver.

2.13 Interview mit Manuela

Für mich war es ein schönes Ereignis Manuela interviewen zu können. Sie ist die Mutter einer ehemaligen Partnerin von mir. Ich mochte sie immer sehr auf Grund ihrer direkten Art. Der Kontakt kam durch ihre Tochter zustande, die meinen Aufruf auf Facebook gelesen hatte. So führte mich meine Reise nach fünf Jahren wieder nach Friedrichswalde in die Uckermark, wo ich in den Jahren 2009 und 2010 häufiger zu Gast war. Es war eine sehr herzliche Begegnung nach dieser langen Zeit. Wir unterhielten uns ausgiebig über vieles, was in der Zwischenzeit passiert war. Sie lud mich auch ein, sie und ihren Mann wieder einmal zu besuchen.

Es war faszinierend zu hören, wie diese Frau dem Tod die rote Karte gezeigt hat und das zu einer Zeit, als Leukämie noch schwieriger zu bekämpfen war als heute. Sie legte mit Ihrer Geschichte los, noch bevor ich eine Frage stellen konnte.

Diagnose: Leukämie im Jahr 1996
Behandlung: Knochenmarktransplantation
Alter zum Zeitpunkt des Interviews: 64 Jahre

Antwort: Zu meiner Krankengeschichte: Das spannende dabei war, als die Krankheit diagnostiziert war, hieß es auf dringliches Nachfragen meinerseits: Lebenserwartung acht Jahre. Grundsätzlich nichts zu machen. Und im Laufe der

Behandlungen, die alle nicht zum Erfolg geführt haben, hieß es ganz zum Schluss: Na gut, sie sind viel zu alt, haben keine Geschwister, Spender kommen also nicht in Frage. Und dann hatte ich eine grandiose Professorin, die die Chefin dort war, die sich ganz vorsichtig ran getastet hatte und mir sagte, dass mein biologisches Alter wesentlich jünger war als mein tatsächliches.

Damals war das maximale Alter bei fünfundreißig Jahren und ich war zehn Jahre drüber. Sie würde es drauf ankommen lassen es mit einer Fremdspende zu versuchen, sofern ich mein Einverständnis dazu gäbe. Ich müsse dazu wissen, dass wenn es schief geht, es gründlich schief geht. Dann wäre es vorbei.

Und mit dem Gewissenskonflikt musste ich entscheiden. Lässt du es nun drauf ankommen, dass du vielleicht doch geheilt werden kannst oder zumindest erst mal diese acht Jahre überwinden kannst und zumindest eine größere Chance auf zehn, auf zwölf, auf zwanzig Jahre, auf vielleicht ein normales Lebensende oder bist du in einem halben Jahr tot. Denn wenn eine Fremdspende nicht klappt, ist man dem fremden Knochenmark ausgeliefert, anders als bei einer Niere. Wenn das nicht passt und die Antistoffe, die man da gibt, nicht anschlagen, kannst du die Niere notfalls wieder entfernen. Aber das Knochenmark, was in dir drin ist, als allerwichtigstes Organ sagt dann: Lunge? Was ist denn das, kenn´ ich nicht, weg damit! Haut? Igitt, igitt, ein Fremdkörper! Muss ich bekämpfen. Es muss ein ziemlich unschöner Tod sein. Das waren sehr intensive und nahegehende Gespräche.

Ich habe mich dann dafür entschieden und gedacht: Pokern wir ein bisschen. Und es ist zur Freude aller erstaunlich gutgegangen. Ich habe auch ein riesen Glück gehabt mit dem Spender. Andere suchen verzweifelt nach Spendern und ich hatte auf Anhieb drei, die möglich waren. Und über den, den sie dann genommen haben, wurde mir gesagt, dass er besser passt, als manche Geschwisterspenden. Man kann bei Knochenmarkspenden keine 100%ige Übereinstimmung feststellen. Es bleiben immer etwa 1,5% über. Aber der hat so zu 98,5% gepasst und bei Geschwistern sind es oft nur 70 bis 80% und dann geht es auch noch gut.

Das ist jetzt zwanzig Jahre her. Die eigentliche Knochenmarkspende in der Vorbereitung war ein ganz schöner Hammer, weil es darum geht, das eigene Knochenmark völlig auszuschalten, denn das ist das Organ, welches für das Immunsystem verantwortlich ist und Blut bildet. Und das wird völlig platt und tot gemacht durch heftige Chemotherapien und eine radioaktive Ganzkörperbestrahlung und da ist man natürlich einerseits körperlich geschwächt und andererseits völlig schutzlos ausgeliefert. In dem Zustand kann man nicht mal auf eine grüne Sommerwiese gehen und frische Luft atmen. Da würde man sich über kurz oder lang eine tödliche Infektion zuziehen, weil der Körper keine Abwehrstoffe mehr hat.

Ich war in dieser Zeit in einer Spezialabteilung der Berliner Charité in einem speziell eingerichteten Einzelkrankenzimmer mit Schleusen und Luftfilteranlagen. Jeder der reinkam, musste sich entsprechend kostümieren mit Mundschutz und so weiter. Alles was man mir brachte, wurde doppelt und dreifach dekontaminiert und mein Essen aus der Krankenhausküche wurde dort auf der Station noch ein zweites mal erhitzt. Aber an Essen hat man in diesem Stadium sowieso nicht gedacht.

F: Wie lange hat das gedauert?

A: Von Anfang August bis Ende September war ich auf dieser Isolierstation. Es hat sich dann in den drei Wochen im September erstaunlich schnell erholt. Dieses fremde Knochenmark dockt dann sozusagen an den freigewordenen Stellen am Knochen an und wenn sich das da verwurzelt fängt es auch wieder an zu leben und zu produzieren. Und das ging erstaunlich schnell, dass meine Werte positiv nach oben gingen. So haben sie mich auch recht schnell entlassen. Ich hatte ja die Hoffnung, dass ich Weihnachten zu Hause bin, aber ich bin dann schon im Oktober entlassen worden, weil die Werte – Blutproduktion war angelaufen, Leukozyten waren im Normalbereich usw. – sich so gut entwickelt hatten.

Aber dann kam noch mal ein ziemlicher Hammer. Die Ärzte sagten mir, wenn irgendwas ist, Unwohlsein, Fieber etc. sofort alles stehen und liegen lassen und zurück in die Charité. Ich war eine Woche zu Hause und sollte am Mittwoch zur Nachkontrolle. Am Dienstag bekam ich leichte Temperatur und dachte: »Na ja gut, sie haben zwar gesagt sofort, aber Morgen musst du eh hin. Lassen wir mal!«

Am nächsten Tag war dann die Temperatur schon höher, so siebenunddreißig oder achtunddreißig Grad, wo ich normalerweise nicht mal auf die Idee kommen würde zu messen. Ich sagte meinem behandelnden Arzt, der die Ambulanz machte das und da legte der sein Gesicht in ziemliche Falten und sagte: »Ab zum Röntgen!«

Und dann hatte ich ein sehr interessantes Lungenröntgenbild. Es war nämlich die ganze Lunge von einem feinen, weißen Mizell überzogen. Diagnose: Kusskrankheit oder Pfeiffersches Drüsenfieber, ein Virus, den fast jeder in sich trägt. Da das Immunsystem aber noch nicht ganz wieder da war, sagte der: »Hallo, bin schon länger da und hier bin ich wieder.«

Schon lag ich wieder in einem Krankenhaus-Bett. Mein Mann musste dann wieder zurück nach Friedrichswalde fahren, um mir Waschzeug und Wechselwäsche zu holen. Dann wurde es richtig heftig: Ich hab´ eine Lungenentzündung gekriegt vom feinsten. Ich hatte einen Deal mit den Ärzten. Ich wollte immer die Wahrheit wissen, woran ich genau bin. Kein Schönreden und keine falschen Hoffnungen. Ich hab´ auch so lange nachgefragt und nachgebohrt bis ich es zumindest für mich verstanden hatte. In dem Fall haben sie mir dann nicht mehr gesagt, wie es um mich stand. Das wurde mir dann im Nachhinein erklärt. Es war eine Lungenentzündung, an der ich um ein Haar gestorben wäre. Es wurde eine Antibiose gemacht, ich wurde voll geballert mit allem, was sie zur Verfügung hatten.

Mir war zwanzig Mal so schlecht wie unter jeder meiner Chemotherapien. Das war überhaupt nichts dagegen, die Chemos. Ich lag vier Wochen noch mal im Krankenhaus, davon drei Wochen mit relativ hohem Fieber und diesen Antibiotika und mit dem vollen Programm: Mir war schlecht, ich musste brechen und hab geschwitzt und gefroren. Ich habe sogar freiwillig Kamillentee getrunken. Das war das Einzige, worauf ich Appetit hatte. Mein ganzes Leben lang konntest du mich mit Kamillentee jagen, aber in der Situation: »Schwester? Haben Sie noch eine Kanne Kamillentee für mich? Ich hab so einen Durst!«

Mitte November bin ich dann ein zweites Mal entlassen worden mit entsprechenden Auflagen, was ich alles nicht durfte. Aber das ist dann gegangen. Es ging dann langsam aufwärts. Ich war zunächst noch völlig kraftlos. Die sieben Stufen unserer Eingangstreppe ... Da war ich heilfroh, wenn ich die geschafft hatte.

Ich sollte Baustellen meiden, ich sollte Menschenmengen meiden. Ich durfte um Gotteswillen keine Haus- oder Gartenarbeit machen. Das sind so die Eckpunkte, die mir noch einfallen. Ich konnte auch nicht geimpft werden. Mein ganzer Impfstatus war hinüber. Aber impfen war nicht, weil das Immunsystem da falsch drauf reagiert hätte.

Ich sollte mich fernhalten von allen Infektionsherden. Das ging dann alles erst nach einem guten Jahr.

F: Noch mal zurück zur Knochenmarktransplantation. Du sagtest, das dockt am Knochen an. Spürt man das?

A: Nein, davon spürt man gar nichts. Ich habe auch gedacht, das wäre sonst was. Alles drumherum, die Vorbereitung und die Nachbereitung, war alles tausendmal aufwendiger und auch anstrengender, als die eigentliche Transplantation. Das war sehr merkwürdig. Es hat sich ein Arzt morgens früh in Berlin in den Zug gesetzt und ist zur Uniklinik Hannover gefahren. Dort wurde dem Spender das Knochenmark entnommen. Dann ist der Arzt mit dem Knochenmark zurück zum Bahnhof und ist zurück nach Berlin gefahren. Abends um etwa 22:45 Uhr kam der hauptbehandelnde Arzt mit einem kleinen Beutel mit weißlich-gelblichem Inhalt und sagte: »So, Frau Lippmann, hier ist es!« Hängte den Beutel an den Haken, suchte sich meinen Zugang, stöpselte es an, setzte sich zu mir auf die Bettkante, wir quatschten über's Leben und irgendwann war der Beutel leer.

Der Arzt stöpselte ihn wieder ab und meinte nur: »Nun wollen wir mal Daumen drücken. Gute Nacht und Tschüss, ich gehe jetzt nach Hause.« Und das war es. Weniger als die Blutkonserven, die ich während dieser Behandlungsphase verabreicht bekam.

F: Wie hast du den Krebs bemerkt, beziehungsweise wie hast du festgestellt, dass etwas nicht stimmt?

A: Ich hab´ gemerkt, dass ich dicker werde. Und zwar nicht nur, dass das Gewicht nach oben geht, sondern auch, dass ich so einen Altfrauenbauch entwickelte, der anfing sich rauszuwölben. Fand ich sehr komisch und überhaupt nicht schön. Ansonsten hab ich mich eigentlich gefühlt wie immer. Nachmittags war ich ein bisschen müder, hab für eine Stunde mal einen Nachmittagsschlaf gemacht. Aber das hab ich nicht als Ungewöhnliches für mich gesehen.

Mein Mann schläft seit zig Jahren jeden Nachmittag. Dann bekam ich eine Erkältung, die sehr langwierig war. Nicht wie sonst eine Woche, sondern drei Wochen.

Mich wurmte aber dieses Dickerwerden und so beschloss ich, eine Woche Heilfasten zu machen. Darüber hatte ich schon länger nachgedacht. Ich habe das dann mit meiner Hausärztin auch besprochen und ein paar Tipps von ihr bekommen. Ich hab´ das durchgezogen. Ganz streng nach Vorschrift. In meinem Buch stand, was man alles machen und unterlassen sollte. Ein Hinweis war, da es sich um einen heftigen Entgiftungsprozess handelt, dass es zu Leberschmerzen kommen kann, weil diese dann wahnsinnig zu arbeiten hat. In dem Fall soll man sich schonen und warme Wickel machen und eine Stunde extra ins Bett legen.

Von alledem passierte nichts. Aber da ich mich sehr genau beobachtet habe, dass auf der linken Seite, also gegenüber der Leber, mein Bauch dick und hart wurde. »Komisch«, dachte ich, »tut auch ein bisschen weh, wenn ich drücke. Was ist das denn bloß?« Und dann war die Fastenwoche vorbei, mit dem berühmten Apfel zum Fastenbrechen. Mir ging es richtig gut. Ich hatte auch drei bis vier Kilo abgenommen. Aber auf der rechten Seite blieb es dick und hart.

Damals war unsere Ärzte-Situation noch sehr entspannt und als ich einmal zum Einkaufen war, dachte ich: »Ach, Barbara (meine Hausärztin) hat ja noch Sprechstunde. Schauste mal vorbei.« Das Wartezimmer war auch leer und ich wurde gleich begrüßt, was los sei. Ich habe ihr vom Fasten erzählt und auf meine Verhärtung aufmerksam gemacht. »Ja, dann leg dich mal gleich hin.«

Und ich sag noch: »Kann das vielleicht die Milz sein?«

Daraufhin lachte sie und meinte: »Die Milz, die ist so winzig, die findest du nicht mal, wenn du sie suchst. Leg dich mal hin, ich schau mir das mal an.«

Diesen Augenblick werde ich nie vergessen: Ich liege auf dieser Pritsche und sie drückt auf meinem Bauch rum, immer noch lachend. Auf einmal wird sie völlig ernst. Völlig ratlos. Und dann kam der Satz: »Ich weiß nicht, was das ist. So was habe ich noch nie ertastet.«

Zwei Tage später stellte sich heraus, dass es die Milz war. Diese war auf etwa zwei Kilo angeschwollen. Daher auch dieser verformte Bauch. Die Milz ist ein blutspeicherndes Organ, was auch Reserven hat und da die Zusammensetzung aus weißen und roten Blutkörperchen sich so verschoben hatte, die weißen Blutkörperchen eine solche Übermacht geworden waren, hat die immer mehr produziert und immer mehr eingelagert, um auf den notwendigen Anteil rote Blutkörperchen zu kommen.

Das Ganze war an einem Dienstag. Am Donnerstag hatte ich dann ein Bett in der Charité, auf der onkologischen Station und da wurden dann die genaueren Untersuchungen gemacht. Über eine Knochenmarkpunktion dann ganz eindeutig die Leukämie diagnostiziert und um welche Variante es sich handelte. Es gibt die akuten und die chronischen Leukämien. Dabei sind die akuten die Schlimmeren, da sterben mehr Menschen dran. Bei den chronischen ist der Verlauf langsamer und damals gab es kaum Hoffnung auf Heilung.

F: Was war dein erster Gedanke?

A: Naja, es war schon ein ganz schöner Schock. Nun bin ich ein pragmatisch eingestellter Mensch. Erst mal kam dieses »Da muss sich ja was machen lassen. Irgend eine Lösung muss es geben, wie man damit fertig werden kann.«

Dann stellte sich ein paar Tage später raus, als alle Diagnosen vorlagen, dass da nicht mehr viel zu machen ist. Das hat mich dann richtig umgehauen. Ich habe an meine Tochter gedacht, die damals knapp elf Jahre alt war. Ich habe zu mir gesagt, die acht Jahre musst du schaffen. Sie macht dann ihr Abitur und das will ich erleben. Dieser

Moment hat mich dann doch ganz schön gerüttelt, als die Prognose so klar ausgesprochen wurde.

Ja, das war ein Abend, wo ich dann heulend in einer Ecke im Krankenhaus saß. Eine Ärztin kam vorbei, die eigentlich nach Hause wollte und sah mich Häufchen Elend da sitzen. Ausgerechnet die mochte ich nicht, während ich alle anderen mochte. Als sie sich um mich kümmern wollte, habe ich nur abgewunken und habe weiter vor mich hin geheult. Irgendwann bin ich dann ins Bett gegangen und eingeschlafen. Von da an habe ich während der gesamten Behandlung nie wieder geweint.

F: Wem hast du dich als Erstes anvertraut?

A: Ich habe es meinem Mann erzählt. Wobei es ganz seltsam ist. Es trifft einen was, wofür man gar nichts kann und man hat trotzdem ein schlechtes Gewissen, wenn man das seinem Umfeld dann mitteilen soll.

Meiner Mutter habe ich mich nicht getraut, das zu sagen. Das hat dann mein Mann gemacht, weil ich befürchtete, wenn ich ihr das erzähle, kommt garantiert der Satz: »Siehste, das hast du jetzt davon, dass du rauchst.« Den wollte ich mir in dieser Situation nicht anhören.

Den Ärzten hatte ich die Frage, ob das die Quittung für's Rauchen sei, gestellt. Diese hatten mir gesagt, dass man zwar die Ursachen für Leukämie nicht kenne, aber das Rauchen sei es nicht.

Sonst habe ich nie einen Hehl draus gemacht. Ich bin natürlich nicht durch die Gegend gelaufen und hab allen Leuten erzählt, was mit mir los ist. Aber wenn es darum ging, die engeren Freunde oder Familie einzubeziehen, habe ich das natürlich gemacht.

Was mich dann wild gemacht hat, waren diese gutgemeinten Ratschläge. Das ging los bei der Klinik von Herrn Hacketal[15] über heilende Edelsteine, japanische Wunderpilze, zum Glauben finden bis hin zu ›in ein Kloster in Nepal gehen‹. Ich weiß, dass die Leute es alle gut mit mir meinten. Allerdings sind die mir noch mehr auf die Ketten gegangen als die Krankheit selber. Ich konnte denen ja nicht sagen: »Hast du nen Knall? Lass mich in Ruhe.«

Ich bin kein Typ für Esoterik. Ich hatte vollstes Vertrauen in die Schulmedizin, da ich viele tiefergehende Gespräche mit meinen Ärzten geführt hatte. Auch über die ganzen Wunderpflanzen, die immer mal wieder auftauchen.

Letzten Endes sind es ja genau die Wirkstoffe, die von der pharmazeutischen Industrie auch hergestellt werden. Nur eben genauer dosiert. Bei einer Pflanze kann ich eben nicht genau sage, wie viel von dem Wirkstoff enthalten ist. Das war auch eine Zeit, in der einige bekannte Leute an Leukämie gestorben sind. Das waren Joachim Friedrichs, Raissa Gorbatschowa, die Frau von Herbert Grönemeyer und Tamara Danz von Silly. Das hat mich ganz schön mitgenommen. Diese Erkenntnis, dass der Kampf doch relativ aussichtslos sein kann und auch ein Name und beste Beziehungen. Ich denke da an Grönemeyer, dessen ältere Bruder Mediziner ist und die Frau stirbt ihm trotzdem weg oder Gorbatschows Frau, da helfen keine Beziehungen oder Geld. Das ist dann einfach Schicksal.

Tamara Danz hat diesen Unsinn gemacht und ist zu dem Hacketal in die Klinik gegangen und sich nicht an die Schulmedizin gewandt. Sie hätte vielleicht überleben können.

---

15 Doktor Julius Hackethal, umstrittener Arzt Quelle
https://de.wikipedia.org/wiki/Julius_Hackethal

F: Wie war dein Verhältnis zu den Pflegern?

A: Auch sehr gut. Es war ausgesuchtes Personal. Die Professorin hat sich ihre Truppe von den Ärzten bis zu den Pflegern selber zusammen gestellt. Und das waren nur Topleute. Alle sehr kompetent und freundlich. Das waren ganz, ganz tolle Leute. Die Abteilung war super organisiert, zum Beispiel kostenloses Telefon, was damals noch nicht so üblich war, ein Fernseher auf jedem Isolierzimmer, eine Psychologin, die auf Wunsch kam.

Zwei witzige Anekdote gab es: Die eine war ganz zum Anfang in der Diagnosephase. Ich hing da schon an irgendwelchen Tröpfen. Für die gibt es diese schiebbaren Gestelle. Da ich nicht den ganzen Tag im Bett rumliegen wollte und ich mich auch bewegen sollte, bin ich raus auf den Flur und da kam mir jemand entgegen, ebenfalls mit so einem Halter und rief: »Na Mädel, haste ooch deine Fahrerlaubnis jemacht?«

Die andere war mit dem Vorgesetzten der Professorin: Große Visite. Wie in einer schlechten Komödie. Er und hinter ihm sein Trupp. Einer riss die Tür auf, machte noch einen Diener dabei, der nächste reichte den Stift. Er ließ sich kurz berichten und wendete sich dann mir zu, setzt sich auf mein Bett auf der Seite mit der Infusion in meinem Arm. Geht dann kurz auf meine Erkrankung ein und klopft mir auf eben diesen Arm mit den Worten: »Na Mädchen, wird schon wieder!« Der Pulk rauschte wieder raus und ich schau nach einer Weile und hatte eine riesen Beule, weil er mir die Nadel ins Gewebe gehauen hatte.

F: Hast du in der Zeit nach der Therapie Veränderungen bei dir festgestellt?

A: Tatsächlich kaum. Ich gehe genauso damit um, wie vorher. Ich hatte nur den Wunsch, dass alles ganz schnell wieder so wird, wie es vorher war. Nichts von »Ich sehe jeden Tag mit anderen Augen« oder zweite Geburt. Naja, zweite Geburt schon, deswegen hab ich mir den 7. September 1997 gemerkt. Es ist nicht so, dass ich den feierlich begehe. Ich denke da meistens dran oder auch mal drei Tage später. Ansonsten habe ich versucht, dass ganz schnell wieder Normalität einsetzt.

Bis auf die Sachen, die ich zunächst nicht machen sollte oder worauf ich achten sollte, habe ich zugesehen, dass ich so schnell wie möglich wieder in den gewohnten Alltagstrott reinkomme. Was ich nicht wollte, war so ein ewig leidender Sonderstatus: »Ich kann ja nicht, weil...« Solche Leute gibt es auch, die sich für den Rest ihres Lebens darin sonnen.

Ich bin mir über den Verlauf meiner Krankheit im Klaren. Ich weiß, dass ich wahnsinniges Glück gehabt habe und bin auch sehr dankbar dafür. Es ist auch ein kleines Bisschen Triumph dabei. Ich sage dann gerne mal, wenn man im Gespräch drauf kommt: »Ich bin dem Kollegen mit der Sense damals von der Schippe gesprungen und hab ihm den Daumen gezeigt.«

Mir ist schon klar, dass das eine ganz große Nummer war, die auch anders hätte ausgehen können. Ich habe auch in dieser Zeit zwangsläufig über ein Jahr nicht geraucht. Körperlich ging das auch gar nicht. Ich hab es mal versucht und bin fast zusammengebrochen. Da hat mein Körper überhaupt nicht mitgespielt. Damals habe ich gedacht: »Ist ja super. Etwas Gutes hat es nun doch gehabt.«

Dann ging es mir körperlich wieder so gut, dass ich angefangen habe vom Rauchen zu träumen. Ich hatte zwei Träume, die ich immer wieder im Wechsel hatte: In dem einen saß ich im Sommer in Hamburg irgendwo am Jungfernsteig vor einem Café. Gutgekleidete Leute flanieren an mir vorbei und dich genieße die Sonne bei einer Tasse Kaffee und einer Zigarette. In dem anderen stand ich in unserem Garten hinter einem Busch und zieh heimlich eine durch. Jemand kommt dazu und ich krieg einen riesen Ärger und werde in Grund und Boden gebrüllt, ob ich noch zu retten sei.

Ich habe dann den Grundfehler gemacht, den man machen kann. So ging es mir gut und störte mich auch nicht, wenn andere rauchten. Ich war dann so schön alleine und die Sonne schien, Kaffee hatte ich auch. Keiner war da und ich dachte: »Eine! Nur eine! Du hast es jetzt durchgehalten, kriegst du in den Griff!«

Die hat auch überhaupt nicht geschmeckt. »Was die schmeckt nicht? Wie kann das gehen? Musste noch mal eine probieren!« Die hat dann geschmeckt.

Ich habe dann erst ein halbes Jahr heimlich geraucht. Fünf Jahre später kriegte ich dann einen Keuchhusten und seit dem rauche ich nicht mehr so richtig. Das ist mehr so ein Gepaffe. Ganz sein lassen kann ich das nicht.

F: Gab es in der Zeit ein künstlerisches Werk, an das du gern zurückdenkst?

A: Ja, ein Bild. Das hängt sogar bei uns im Wohnzimmer. Im Sommer 1997, als ich im Wartezimmer zur Bestrahlung musste. Es hing riesengroß in dem Warteraum im alten Charité-Gebäude: »Sommer Abend am Meer« von Peter Severin Kroyer, 1893. Dieses kühle Blau und die Vorstellung, am Meeresstrand spazieren zu gehen, war so schön für mich. Ich habe meinem Mann davon erzählt. Er hat dann versucht, es der Charité abzukaufen, was aber nicht geklappt hat. Später hat er es dann in einer Galerie gefunden und seit dem hängt es hier.

Und dann gab es noch das Buch »Der Regenmacher« von John Grisham. Hier geht um einen Jungen, der auch Leukämie hat und der sterben wird, da sich die Familie die Kosten für die Knochenmarktransplantation nicht leisten kann.

3 Die Zeit danach

3.1 Home again

Zu Hause! Selten haben sich diese Worte so wundervoll angefühlt, wie in dem Augenblick, als ich nach der letzten Chemositzung die Tür meiner Wohnung durchschritt. Der gewohnte Geruch des trauten Heimes wehte mir entgegen. Zurück zur Normalität, den Krankenhausgestank abwaschen und die Strapazen hinter mir lassen. Das war der Plan. Ich packte die Tasche aus und ließ mir ein Bad ein. Abends kochte Diana zur Feier des Tages. Wir aßen, sahen uns einen Film an und gingen ins Bett. Ein ruhiger erster Abend nach dem Krankenhaus.

Ganz vorbei war es noch nicht. Die Nachuntersuchungen standen an. Zu dem fühlte ich mich bei weitem noch nicht bereit, um wieder zu arbeiten. Mein Urologe schrieb mich noch ein paar Wochen krank. Darüber war ich recht dankbar, denn ich hatte auch Angst davor wieder zur Arbeit zu gehen. Es war mir unheimlich. Meine Augenringe waren noch immer tief, das fast blanke Haupt unter einem Kopftuch versteckt. Auch der Bewegungsapparat funktionierte noch nicht wieder so, wie er sollte. Beim Gehen hatte ich immer noch Schmerzen. Immerhin trotz der Chemo war die OP-Narbe schon gut verheilt.

Daher verbrachte ich die meiste Zeit damit zu lesen, fernzusehen oder am Rechner. Während der Pausen am Wochenende hatte ich mir gern immer mal wieder eine Computerzeitschrift mit Spiele-DVD gekauft, und so hatte sich eine beachtliche Sammlung an Ego-Shootern und Rollenspielen angesammelt. Ich flüchtete immer mehr in diese Welt. Und es war mir egal ob, Diana da war oder nicht. Damals hätte ich das so niemals zugegeben. Weder vor Diana, noch vor meinen Freunden und erst recht nicht vor mir selbst. Aber jetzt, nach dieser langen Zeit, bleibt mir in der Selbstreflexion kein anderer Schluss übrig. Es gibt für eine Partnerschaft nichts traurigeres, wenn ein Partner spürt, dass er seinem geliebten Menschen egal ist. Genau das habe ich sie spüren lassen, auch wenn ich das zu keinem Zeitpunkt wollte. Dafür gibt es keine Rechtfertigung und keine Entschuldigung. Was bleibt, ist der Versuch einer Erklärung.

Unser Kleiderschrank verfügte über zwei Spiegeltüren. Während der Endphase meines zweiten Zyklus stand ich nach dem Duschen vor diesem und betrachtete das erste Mal seit langem bewusst nackt mein Spiegelbild. Die Person im Spiegel erkannte ich nicht. Sie war wie ein Schatten, eine Ahnung von dem, was ich gewesen war. Dieser ausgemergelte Körper. Übersät von durch Kratzspuren und Hämatomen. Diese hatte ich mir selbst zugefügt, da mich ein Juckreiz plagte. Die Regenartion schritt zu diesem Zeitpunkt noch langsam voran. Es handelte sich hierbei um eine Nebenwirkung der Chemotherapie, nach der der Körper einige Zeit braucht um das Zellwachstum wieder anzukurbeln. Dann der kahle Kopf und die eingefallen Augen, deren Ringe so dunkel und tief waren, als wenn der Gevatter Tod einen Nachfolger erkoren hätte. Die Narbe von der Operation, die nicht nach außen, sondern nach innen gewölbt war und mich – auch heute manchmal noch – an eine Amputation erinnert.

Das, was ich da sah, war nicht mehr mein Körper. Es war lediglich ein Gefäß, dass meinen Geist transportierte. Ein uraltes, verbeultes Taxi, das jeden Augenblick den Dienst verweigert. Ich war angewidert von meinem Äußeren. Mein Körper erfüllte nur noch den einen Zweck mich in der materiellen Welt fortzubewegen. Sein Aussehen ekelte mich regelrecht an. Wenn ich mich nicht lieben konnte, wie sollte es jemand anderes vermögen? In dieser gedanklichen Konsequenz konnte Diana nur aus Mitleid mit mir zusammen sein. Einen anderen Grund gab es in meiner Vorstellung nicht.

Für den Patienten:

Kannst du dieses Gefühl grade nachvollziehen? Geht oder ging es dir nach deiner Operation ähnlich? Wie hast du dich das erste Mal wahrgenommen? Ich habe oft den Eindruck, wenn ich an diese Zeit zurück denke, dass ab dem Zeitpunkt an dem die Diagnose feststand, ich nur noch von den Ereignissen mitgerissen wurde. Wie ein Blatt im Sturm, unfähig selbst die Richtung zu bestimmen. Erst nachdem ich wieder ständig zu Hause sein konnte, kam ich langsam im Hier und Jetzt an. Mir wurde bewusst, was in den letzte Monaten passiert war. Mein Verstand versuchte, dies alles in eine Reihenfolge zu bringen, auszuwerten und zu sortieren. Mein Körper passte in seiner jetzigen Erscheinung nicht dazu.

Wenn es dir genauso geht, dann gib und nimm dir die Zeit dich an deinen neuen Körper zu gewöhnen. Es wird eine Weile dauern, aber du lernst ihn wieder lieben. Es ist ein kleiner Teil deines Körpers, der jetzt anders aussieht als zuvor. Schau dir deine Körper mal genauer an. Hast du kleine oder große Narben? Bist du tätowiert oder hast sonst eine Bodymodifikation machen lassen? Auch das sind Veränderungen an deinem Körper und dein Blick darauf hat sich mit der Zeit verändert. Das wird ebenso mit den Spuren der Operation passieren. Deine Narben erzählen aus deinem Leben. Diese spezielle erzählt, dass du den Krebs besiegt hast.

Für die Angehörigen:

Auf einmal fehlt ein Teil des Körpers. Sicher ist es kaum zu vergleichen mit dem Verlust von Armen oder Beinen. Gleichwohl hat der Verlust einer Niere oder eines Lungenflügels auf den Körper einen ganz anders spürbaren Einfluss. Der Verlust eines Hodens kann für einen Mann psychisch ähnlich gelagert sein, wie bei einer Frau eine Brust-OP. Ich stelle gar nicht in Frage, dass eine Semikastration optisch das kleinere Übel ist und langfristig betrachtet die psychologischen Folgen geringer sind.

Hier geht es jedoch nicht um das Außen, sondern um die Gefühlswelt des Mannes, gerade in jungen Jahren, wenn noch keine eigenen Kinder da sind. Die Fähigkeit, Kinder in die Welt setzten zu können und sich bewusst dafür oder dagegen zu entscheiden ist für das Selbstbewusstsein des Mannes ein wichtiger Ankerpunkt. Wenn diese scheinbar nicht oder nur noch eingeschränkt existiert, kann dies durchaus eine Einschränkung der Lebensqualität sein und emotional erdrücken.

Wenn die OP erst vor kurzem stattfand, gehe bitte sensibel damit um. Mutmachsprüche sind hier nicht angebracht. Hier ist es wichtiger zuzuhören und dein Gegenüber ernst zu nehmen. Stelle ihm Fragen, die dein Interesse bekunden: »Wie fühlt sich das an?« »Mal angenommen deine Zeugungsfähigkeit kommt wieder auf ein normales Level, was würde das ändern? Was wäre eine Alternative, wenn es beim jetzigen Stand bleibt?« Dies sind Anregungen, wie du vorgehen kannst. Dir werden hier sicher andere Formulierungen einfallen, die situativ besser passen. Die Fragen sollten so gestellt sein, dass er ins Denken und Reden kommt.

3.2 Einzug der Katzen

Diana und ich hatten uns vor dem Bekanntwerden meiner Krankheit über Haustiere unterhalten und welche – außer ihren Rennmäusen – für uns in Frage kämen. Ich war schon immer ein Katzenfreund gewesen und wollte gern wieder welche haben. Relativ schnell waren wir uns einig gewesen, dass wir gern einer älteren Katze aus dem Tierheim noch ein paar schöne Jahre geben wollten. Diese Pläne mussten wir durch meine Diagnose erst mal verschieben. Ein Arzt im Krankenhaus riet uns dazu, Tiere erst nach Vollendung der Chemotherapie anzuschaffen.

Ursprünglich wollte ich einer ›Gebrauchtkatze‹ ein schönes Heim für Ihren Lebensabend geben. Leider war das nicht so einfach, wie ich dachte. Aufgrund unserer Wohnsituation kam nur eine reine Wohnungskatze in Frage, doch die Katzen im Potsdamer Tierheim waren allesamt Freigänger. Nur einmal gab es einen wunderschönen weißen Kater mit blauen Augen und dieser war auch noch eine Wohnungskatze. Diana und ich waren sofort verliebt in dieses Tier und ich rief im Tierheim an.

»Ich muss sie leider enttäuschen, Herr Dresen. Der Kater wurde bereits vermittelt. Aber wenn sie mögen, rufen wir sie gern an, wenn wir wieder Kitten haben. Da kommen demnächst wieder welche.«

Bei diesen Kitten handelte es sich meist um die Würfe verwilderter Katzen. Potsdam hatte und hat eine recht große Population solcher Tiere. Der Tierschutzverein sorgt mit seiner Arbeit dafür, dass diese Bestände nicht zu groß werden. Ich überlegte nicht lange und gab der Dame am anderen Ende der Leitung meine Nummer.

Es vergingen keine vier Tage und ich erhielt einen Anruf, dass nun Katzen-Welpen zur Vermittlung bereitständen. Ich wurde gefragt, ob ich Wünsche in Bezug auf Geschlecht und Färbung hätte. Ich verneinte und meinte nur: »Die Katze sucht sich ihren Besitzer aus.«

Für den kommenden Samstag vereinbarte ich einen Termin und besorgte die notwendigen Dinge, damit sich Stubentiger wohlfühlen. Mein Nachbar war so freundlich mich zum Tierheim zu fahren, welches leicht außerhalb am anderen Ende von Potsdam im Wildpark West lag.

Ich wurde von einer Pflegerin in einen Raum geführt. Hier waren noch drei Katzenkinder, die auf neue Besitzer warteten. Als ich den Raum betrat – die Ringe unter den Augen waren noch nicht verschwunden, schwarze Schuhe, schwarze Hose, langer schwarzer Mantel und das schwarze Kopftuch – kam eine sehr zierliche rot-braun-schwarz getigerte Katze neugierig auf mich zu. Sie umstrich meine Beine und fing sofort an zu schnurren und als ich sie streichelte, war es um mich geschehen.

»Nehmen Sie die nicht!« sagte die Pflegerin.

»Warum?«

»Die hat einen Bauchnabelbruch!«

»Und?«

»Das muss operiert werden!«

»Und?«

»Das kostet Geld!«

»Und? Wenn das alles ist, dann bitte einpacken! Ich wurde grade ausgesucht!«

In einer Ecke des Raumes kam ein leises Klagen. Ich blickte in die Richtung und sah eine schwarzweiße Katze, deren Augen im Verhältnis zu ihrem Körper riesig erschienen. ›Oh, ein Frosch mit Fell‹, dachte ich nur. »Und die da hinten kommt auch mit!«, grinste ich.

So wurden Freya (die rotgetigerte) und Lady meine tierischen Begleiter seit mittlerweile 10 Jahren. Die zwei waren zum damaligen Zeitpunkt für mich unglaubliche Energiequellen.

Ich erinnere mich noch gut an die ersten Momente und die erste Zeit bei uns. Während Freya sehr neugierig ihr neues Domizil begutachtete, verzog sich Lady direkt hinter den Kühlschrank. Dort hinterließ sie erst mal ein Geschenk (Katzenbesitzer ahnen sicher, wovon ich rede). Ich schlief zunächst im Wohnzimmer bei den beiden, da ich ein wenig Sorge hatte, dass sie sich beim Erklimmen der Treppe unsere Maisonettewohnung verletzen würden.

Bereits in der ersten Nacht sprang Freya zu mir und legte sich auf meine Brust. Ihr Atem und Schnurren wirkte unglaublich beruhigend auf mich. Nach einer Weile gesellte sich auch Lady dazu. So ähnlich ist es bis heute geblieben. Jeden Abend, wenn ich zu Bett gehe, kommen die beiden dazu und rollen sich nahe an meinem Körper ein oder gesellen sich zu mir auf die Couch. Nicht ohne Stolz kann ich behaupten, dass die beiden in ihren ersten Monaten und Jahren eine sehr gute Erziehung genossen. Keine von beiden bettelte am Tisch, wenn wir aßen und Freya brachte ich das Apportieren bei. Sogar einfache Befehle wie Sitz oder Platz befolgten sie zu Anfang.

Es mag Einbildung sein, jedoch treffen die Aussagen über Katzen und ihr Gespür, wenn es jemandem nicht gut geht bei meinen beiden zu. Mit Vorliebe wählen sie, wenn ich mich unwohl fühle, die betroffenen Stellen. Ich konnte dies vor allem bei körperlichen Beschwerden beobachten. Was die beiden für mich bedeuten? Sie wurden für mich zum Kindersatz. Das gebe ich ganz offen zu. Meine Katzen stehen für mich auf der gleichen Stufe, wie Freunde und Familie.

Für den Krebspatienten:

Ich mag Tiere, vor allem Katzen und Hunde. Mit der Adoption der beiden Kitten konnte ich Verantwortung übernehmen und gleichzeitig hatte ich etwas neues, lebendiges um mich in einer Zeit, in der ich mich alles andere als lebendig fühlte. Falls du dich schon vor deinem Krebs mit dem Gedanken getragen hast, ein Tier anzuschaffen, lege ich dir nahe, darüber erneut intensiv nachzudenken. Schau auch, was für dich und deine Lebensumstände in Frage kommt. Vielleicht kannst du sogar noch Gutes tun und holst deinen animalischen Gefährten aus Tierheim oder -rettung oder engagierst dich ehrenamtlich, wenn es dir nicht möglich sein sollte ein Tier bei dir aufzunehmen.

Sprich bitte mit deinem Arzt darüber, ab wann so eine Anschaffung sinnvoll ist. Dein Immunsystem muss sich nach einer Chemo erst wieder erholen und wenn du vorher keinen regelmäßigen Umgang mit Tieren hattest, kann unter Umständen eine Tierhaarallergie ausgelöst werden. Weder für Tier noch Mensch ist es schön, wenn es abgegeben werden muss.

Wenn du dich dafür entscheidest, kann so ein Tier ein wunderbarer Ankerpunkt sein. Es akzeptiert dich so wie du bist. Wie du aussiehst oder meinst auszusehen, spielt für das Tier keine Rolle.

3.3 Neue Aktivitäten

Ein Jahr verging. Ich hatte mittlerweile die Abteilung gewechselt und war als Kundenbetreuer für die Business-Kunden des damaligen DSL-Anbieters Hansenet/Alice zuständig. Noch immer ging ich nicht gern aus. Mehr als notwendige Besorgungen, ab und an ein Kinobesuch trieben mich nicht vor die Tür. Größere Menschenmengen verursachen bei mir immer noch Panik und Schweißattacken, wenn auch nicht mehr so schnell und heftig, wie nach der Operation. Doch so langsam verspürte ich Lust, mich wieder mehr zu bewegen. Nur am Computer zocken oder vor dem Fernseher zu hängen erfüllte mich nicht mehr. Ich wollte mich sportlich betätigen. Aufgrund des Schichtdienstes war es jedoch schwierig etwas im Vereinssport zu finden. Immerhin hatten Diana und ich hatten einen Pokerclub aufgetan, der einmal im Monat ein Turnier spielte. Das Pokern machte mir damals sehr viel Spaß. Egal ob in gemütlicher Runde, am PC oder eben der monatliche Wettkampf. Die Pokerwelle hatte auch mich voll ergriffen. Ich fieberte wie andere Menschen bei Fußballspielen bei der World Series of Poker mit und konnte auch von den sonstigen TV-Übertragungen nie genug kriegen.

Es reichte aber nicht aus. Durch meinen Wunsch nach mehr Bewegung überlegte ich, wieder mit dem Joggen anzufangen. Diesen Sport hatte ich längere Zeit ausgeübt, bevor Studium und Job meine Zeit für sich beanspruchten. Hier war mein innerer Schweinehund stärker. Aufrappeln konnte ich mich dazu nicht. Eine andere Idee kam mir, als ich im Internet durch Zufall etwas über Paintball las. Es gab da doch noch eine andere Variante, nämlich Softair. Ähnlich angelegt, mit dem Unterschied, dass die Markierer nicht Farb- sondern mit Plastikkugeln geladen wurden. Es handelt sich bei diesen Geräten um High-Tech-Erbsenpistolen[16]. Also informierte ich mich umfassend über Softair. Mir gefiel, dass das Spiel intensiver auf Taktik ausgelegt und noch nicht so kommerzialisiert war. Hocherfreut stellte ich fest, dass sogar in meinem verschlafenen Potsdam gab es Menschen, die diesem Hobby nachgingen.

Ich sprach mit Diana darüber, dass ich mir gern einen Markierer anschaffen wollte und mit den Jungs in Kontakt treten wollte. Nach dem ich voller Begeisterung vom ersten Spielen zurückgekehrt war, bestellte ich noch am selben Tag meinen ersten Markierer. So folgten viele Samstage und Sonntage, an denen ich mich in Tarnkluft durch das brandenburger Unterholz schlug, um oftmals mit Muskelkater in den Beinen todmüde, aber glücklich in unsere Wohnung zurückkehrte. Es machte einfach Spaß, mit diesen High-Tech-Erbsenpistolen durch das Gebüsch zu pirschen, Taktiken auszuprobieren und die Dinge, die ich während meiner Bundeswehrzeit gelernt hatte, anzuwenden, ohne dass jemand dabei zu Schaden kam. Der einzige Wermutstropfen war, dass ich das Durchschnittsalter doch stark nach oben beförderte. Waren die meisten Jungs doch grade mal zwischen 14 und 16 Jahre alt. Aber während wir die Wälder unsicher machten, spielte das keine Rolle. Im Gegenteil, ich hatte den Eindruck, es gefiel ihnen, dass sich

---

16 Nicht ganz korrekt. Es gibt verschiedene Systeme. Der einfachste ist der Federdruck. Darüber hinaus gibt es AEG (Automatic Electric Gun), Luftdruck und Gasdruck. Jede Technik hat Vor- und Nachteile in der Handhabung.

ein Erwachsener für ihr Hobby interessierte und ihnen dabei sogar noch etwas beibrachte.

Und ich? Ich fühlte mich in diesen Momenten so lebendig, voller Adrenalin und hoch konzentriert. Meine Sinne waren wach und klar, wie ich seit der Chemo nicht mehr erlebt hatte. Jeder Grashalm, jeder Busch und jeder Baum wurden von mir wahrgenommen. Ich spürte den Wind und die Sonne, den Dreck, den Regen, die Wärme und die Kälte an meinem Körper um ein vielfaches intensiver als sonst. Die Luft, die ich atmete, strömte in diesen Momenten durch mich hindurch, als gäbe es nichts Reineres, nichts Lebendigeres.

Für den Krebspatienten:

Du magst dich wundern, warum ich hier über meine Hobbys schreibe. Mir hat es damals geholfen, wenn auch nur zu einem Teil, wieder ins Leben zurückzukehren. Wenn du jetzt beim Lesen dieses Teils an einem ähnlichen Punkt bist, dann ist jetzt der Zeitpunkt, das zu tun, was du schon lange machen wolltest.

Dabei spielt es keine Rolle, ob du ein neues Hobby, eine neue Leidenschaft für dich entdeckst oder ein altes Hobby weiter führst und dich dort weiterentwickelst. Bei mir war es in dem Moment Softair. Für dich kann es etwas völlig anderes sein. Vielleicht machst du auch eine Weiterbildung? Es ist unwichtig, was das ist und ob es dich in deinem Beruf weiterbringt. Es bringt dich in der Entwicklung deiner Persönlichkeit weiter. Das ist es, was letzten Endes zählt.

Schau in dich rein und dann mach das, was sich richtig anfühlt. Jetzt ist genau der richtige Zeitpunkt, genau das zu machen, auf was du wirklich Lust hast. Mache es ganz bewusst. Du brauchst soziale Kontakte. Neue wie alte. Versteck dich nicht hinter Rechner, Fernseher oder Büchern, sondern bejahe dein Leben. Du hast zwar grade keine oder nur sehr wenige Haare auf dem Kopf. Aber das ist ein geringer Preis.

Ich habe für mich das Ende meiner Chemotherapie als Neugeburt definiert. Deswegen bin ich zu diesem Zeitpunkt nicht nur siebenunddreißig Jahre, sondern gleichzeitig auch zehn Jahre alt. Wenn dir die Idee gefällt, dann lege einen Tag fest. Den Tag deiner zweiten Geburt.

Bei mir ist das der 9. Juli 2006. Der Tag, an dem der letzte Tropfen der Chemotherapie fiel.

Gut und schlecht,
falsch und recht jedes Ding hat seine Zeit.
auf und nieder immer wieder
Glück erkennst du nur im Leid
Doch wenn's so irgendwo
einfach nicht mehr weitergeht.
Lass es raus, sprich es aus,
irgendwann ist es zu spät.
Komm bleib dir selber treu,
es gibt nichts zu bereu'n
Nur die Dinge, die du hier versäumst.

> Wenn nicht jetzt, wann dann?
> Wenn nicht hier, sag mir wo und wann.
> Wenn nicht du, wer sonst?
> Es wird Zeit,
> nimm dein Glück selbst in die Hand. [...]¹⁷

(Text: H. Böll)

Es mag verwundern, dass jemand wie ich ein Lied der Höhner in seinem Buch zitiert. Diese Band begleitet mich jedoch länger als viele andere Künstler, die ich höre oder gehört habe. Doch war es gerade dieses Lied, dass mir in dieser Zeit recht häufig begegnete. Als gebürtiger Rheinländer habe ich Bands wie die Bläck Föös oder eben die Höhner quasi mit der Muttermilch aufgesaugt und egal, welcher Musik ich mich momentan zugewandt hatte, ganz verschwunden waren sie nie. Seltsamerweise war es gerade in Phasen, in denen ich mich niedergeschlagen fühlte besonders dieses Lied, dass mich aufbaute. Eingängige Melodie, beschwingt mit einer klaren verklausulierten Botschaft, die mir direkt ins Herz ging und geht.

Für mich war dieses Lied einer der Motivatoren nicht aufzugeben. In kleinen gezielten Schritten an den mentalen Hürden zuarbeiten, die mich aufhielten.

Noch heute höre ich gerne vor allem dieses Lied, wenn ich vor Veränderungen oder Entscheidungen stehe, um mich selbst zu motivieren. Es hat etwas von einem Mantra

---

17 „Wenn nicht jetzt, wann dann" © mit freundlicher Genehmigung Vogelsang Musikverlag; Text & Musik: R. Rudnik, H. Schöner, J.-P. Fröhlich, H. Krautmacher, P. Werner, Jens Streifling, sowie Texter: H. Böll, Die Höhner, Album: „6:0" www.hoehner.com

und das wichtigste: Lieder wie ebendieses wirken wie ein Antidepressiva und haben keine Nebenwirkungen.

Für die Angehörigen

Es ist gut möglich, dass Dir dein Bruder, Partner, bester Freund, dein Kind mit seltsamen Wünschen zur Gestaltung seiner Freizeit begegnet. Auch ohne, dass er dieses oder ein anderes Buch gelesen hat. Das ist nichts Ungewöhnliches.

Wenn Menschen in Extrem-Situationen geraten und sich dadurch Ihrer Sterblichkeit bewusst werden, beginnt in vielen ein Prozess des Umdenkens. Wie habe ich bisher gelebt? Wie möchte ich in Zukunft leben? Was und wie kann ich das ändern? So kommt es dazu, dass lang gehegte Träume und Begehren ans Tageslicht kommen, die sich immer mehr manifestieren. »Wenn nicht jetzt, wann dann?« Wird zum Mantra.

Wie reagierst du am besten, wenn der Wunsch dir gar zu seltsam erscheint? Mit deinem Weltbild nicht oder nur schwer vereinbar ist? Ganz einfach: Mit Gelassenheit und Humor. Du musst es nicht verstehen oder gar mitmachen, wenn du es nicht willst. Aber für ihn oder sie ist es schön zu wissen, dass du diese Freiheit zulässt. Auf der anderen Seite darfst du natürlich kritisch sein und sein Vorhaben hinterfragen. Ganz nebenbei zeigst du damit Interesse an ihm und seinem neuen Hobby.

Neue oder wiederentdeckte Hobbys sind eine Strategie, um Abstand zu bekommen. Ein Trainer aus meiner Firma nannte dies, wie ich finde sehr treffend, »Inseln«. Auch tagträumen fällt hier rein. Ich habe dieses Inseln nach der

Chemotherapie sehr wörtlich genommen, denn ich hatte den Traum, eine Insel zu kaufen und dort hinzuziehen. Daher suchte ich im Internet, ob es sowas überhaupt gibt. Tatsächlich gibt es Seiten, die Inseln wohlbetuchten Kunden zum Kauf anbieten. Ich konnte mir zwar keine davon leisten, aber davon träumen konnte ich, wenn ich abends am Rechner die Bilder betrachtete.

3.4 Karriere-Sprung

Nach meinem Wechsel in das Projekt Alice/ Hansenet, nahm ich die Gelegenheit war und bewarb mich nach der Empfehlung meines damaligen Vorgesetzten für die interne Ausbildung zum Teamleiter, die ich auch bestand. Ich leitete kommissarisch bereits während der Ausbildung ein Team und sammelte so auch in der Praxis schon erste Führungserfahrungen, die ich mit dem Theorieteil gut verbinden konnte. Mir machte die neue Aufgabe viel Spaß und es baute mich auf, denn dies war mein Ziel in der Firma, welches ich nun erreicht hatte. Die Aufgaben, die sich von der Rekrutierung über die Entwicklung durch Coaching und andere Maßnahmen bis hin zum Austritt der Mitarbeiter erstreckten, füllten mich gut aus und bereiteten mir (bis auf das Thema Kündigung) viel Freude.

Meine Krebsvergangenheit rückte während der Arbeitszeit in den Hintergrund. Die neue Tätigkeit vereinnahmte mich voll und ganz. Ich belaß mich über Mitarbeiterführung, schaute erfahren Kollegen über die Schulter und machte nicht selten Überstunden. Es war, als würde ich während der Arbeit in einer anderen Welt sein. Durch den Projektwechsel wußte von den neuen Kollegen kaum jemand etwas über meine Krankengeschichte.

3.5 Ein schleichender Prozess

Beinahe parallel zu meinem Aufstieg im Beruf verlief die Beziehung mit Diana in eine weniger erfreuliche Richtung. Wir lebten seit einiger Zeit mehr und mehr wie Bruder und Schwester mit einander. Intime Kontakte wurden immer seltener. Meist saßen wir abends nur auf der Couch und schauten Fernsehen oder ich saß am Rechner, während Diana für die Uni lernte.

Ich wagte mich kaum noch, die Initiative zu ergreifen, während ich umgekehrt ihre Avancen entweder nicht bemerkte, abwehrte oder diese vermied, in dem ich erst spät nach ihr ins Bett ging. Ich fühlte mich immer noch nicht wieder attraktiv. Vor meinem geistigen Auge sah ich weiterhin den ausgemergelten Glatzkopf, obwohl die Haare wieder gewachsen und auch mein Körper wieder sein altes Gewicht erreicht hatte. Ich empfand meinen Körper nach wie vor als reines Transportobjekt für meinen Geist.

Oftmals redeten wir über unsere Beziehung, wobei Diana die treibende Kraft war. Sie fühlte sich zurecht vernachlässigt von mir. Meist weinte sie, weil sie immer weniger an mich herankam. Auch mir flossen die Tränen. Es tat weh, dass ich sie nicht näher an mich ran lassen konnte oder wollte und dann zu sehen, wie sie darunter litt. Ich versprach ihr jedes Mal mich zu bessern und an mir und unserer Beziehung zu arbeiten. Nur gelang mir dies nie richtig, ständig fiel ich wieder in den alten Trott und mein Negativdenken.

Zu guter Letzt nahmen wir uns professionelle Hilfe bei einem Paartherapeuten und entschieden uns nach einigen Sitzungen dafür, dass eine Trennung für uns beide der beste

Weg sei. Wir hielten noch eine ganze Weile Kontakt und versuchten, eine Freundschaft aufzubauen. Mit der Zeit verlief sich unser Kontakt und ist heute nur noch sehr sporadisch. Aber das ist in Ordnung. Wir haben uns in unterschiedliche Richtungen entwickelt und obwohl die letzten persönlichen Treffen sehr herzlich waren, sind unsere Lebenswelten sehr weit von einander entfernt.

3.6 Fertilität

In regelmäßigen Abständen ließ ich mein Sperma prüfen. Das letzte Mal im Jahr 2011. Leider blieben die Ergebnisse immer die Gleichen. Medizinisch zeugungsunfähig. Auch die Anzahl der beweglichen Spermien veränderte sich nur unwesentlich. Sechs richtige im Lotto waren wahrscheinlicher. Nach diesem Test entschied ich mich, fortan keinen mehr durchführen zu lassen.

Warum auch? Es war keine Verbesserung meiner Situation in Sicht. Ich fasste den Entschluss, mich mit dieser Situation abzufinden. Mein Gefühl ging dahin, dass es besser war zu akzeptieren, dass ich in diesem Leben keine eigenen Kinder haben würde. Zwar wäre eine künstliche Befruchtung durchaus möglich, für mich kommt so was jedoch nicht in Frage. Dies hat keine religiösen Gründe, sondern eher etwas mit der Behandlungsmethode zu tun. Vor allem für die Partnerin kann dies mitunter eine hohe Belastung sein. Und was ist, wenn es dann doch nicht klappt?

Daher hielt ich es damals für besser, mich ganz von dem Gedanken einer Vaterschaft zu verabschieden. Als ich damals zu einer Samenspende entschied, war mein Wissen zum Prozess der künstlichen Befruchtung gleich null. Heute bin ich der Ansicht, dass wenn die Zeugung eines Kindes auf natürlichem Weg nicht funktioniert, dies einen Grund hat, der entweder biologischen oder seelischen Ursprungs ist. Ich kann den Kinderwunsch sehr wohl nachvollziehen und verurteile niemanden, der sich einer solchen Behandlung unterzieht. Für mich persönlich kommt diese aber nicht mehr in Frage.

Für den Krebspatienten:

Das Urteil ›medizinisch zeugungsunfähig‹ ist nicht zwingend ein Indiz, dass du keine eigenen Kinder haben kannst. Der Befund sagt lediglich aus, dass es aus medizinischer Sicht sehr unwahrscheinlich ist, dass ein Kind gezeugt werden kann. Unwahrscheinlich, aber nicht unmöglich. Ich will dir keine Hoffnung machen, wenn du eine solche Diagnose bekommst. Nimm dir nur selbst diesen Stress und die Belastung du wärst nur ein halber Mann, das ist ein Gefühl, dass lediglich in dir hochkommt und nichts mit der Wirklichkeit zu tun hat. Natürlich können solche Äußerungen von außen kommen. Deine Männlichkeit definiert sich nicht durch einen fehlenden Hoden. Geh mit dir selbst und deiner Umwelt offen damit um. Genieße die Zweisamkeit mit deiner Partnerin. Wenn es dann doch funktioniert, ist es ein noch größeres Geschenk.

Für die Angehörigen:

Das Thema Zeugungsfähigkeit ist sehr sensibel. Als junger Mann mitte zwanzig ist für die meisten der Nachwuchs noch nicht so ein Thema. Ich war selbst nicht anders. Irgendwann ja, doch jetzt noch nicht. Es ist aber etwas völlig anderes, wenn sich herausstellt, dass man keine Nachkommen in die Welt setzen kann.

3.7 Akzeptanz

Es fällt mir schwer zu sagen, wann der Prozess mich so zu akzeptieren, wie ich war und bin, konkret begann. Ich springe hier zu den Jahren 2010 bis 2011. In dieser Zeit verkroch ich mich immer mehr in mein Schneckenhaus. Kontakte hatte ich nicht mehr viele und bevorzugte es zudem, neue Kontakte möglichst virtuell zu pflegen. Es fiel mir zusehens schwerer, mich zu etwas zu motivieren oder gar zu erfreuen. Ab und an ging ich zwar aus in einen meiner Tanztempel, wie das K17[18] oder das Last Cathedral[19] in Berlin. Aber ich war nicht in der Lage mich zu mehr aufzuraffen und einfach draußen zu spazieren, noch hatte ich große Freude an Kontakten zu meinem Freundeskreis.

Auch gab es Phasen, in denen ich mich den ganzen Tag nicht motivieren konnte und im abgedunkelten Zimmer auf der Couch lag.

Einer meiner Internetbekanntschaften beschrieb ich einmal, dass mein Kopf voll von Gedanken sei, die ich nicht fassen konnte. Ich nutzte dafür folgende Umschreibung:

Stell dir mal einen Park mit ganz vielen dieser amerikanischen Holzachterbahnen vor. Jede Achterbahn hat 100 Wagen und alle fahren gleichzeitig. Jeder Wagen ist einer meiner Gedanken und ich kann mich auf keine konzentrieren. Stell dir einfach mal vor, was für einen Lärm die machen.

Da wir schon einige Zeit schrieben, gab sie mir den Anstoß, dass ich vielleicht Depressionen haben könnte und ob ich schon einmal daran gedacht hätte.

---

18 K17: Berliner Club für Punk, Gothic und Metal 1999 - Mai 2016
19 Last Cathedral: Horror-Rockbar, ehemals Transylvania

Depressionen? Ich? Ich war dazu doch gar nicht der Typ. Zwar hatte ich von jeher einen Hang für melancholisches, aber Depressionen?

Ich begann mich zu belesen, was die Anzeichen dafür waren und tatsächlich gab es viele Übereinstimmungen meiner Symptome, die zu dieser Diagnose passten. Aber so richtig wahrhaben wollte ich das nicht, da ich mich nicht auf eine Selbstdiagnose aus dem Internet verlasse. Zu einem Psychologen bin ich nie gegangen. Wenn es so war, wollte ich das alleine bewältigen.

Exkurs:

Da ich bis heute bei keinem Psychologen war und somit keine fundierte Diagnose habe, ob es sich tatsächlich um Depressionen handelt, werde ich im weiteren Verlauf von »depressiven Verstimmungen« sprechen.

Ich möchte darauf hinwiesen, dass mein Weg nicht unbedingt für jeden etwas ist. Daher möchte ich an dieser Stelle ausdrücklich betonen, dass eine Therapie die bessere Wahl sein kann. Es ist kein Zeichen von Schwäche, wenn man sich eingesteht, dass man Hilfe braucht.

Wahrscheinlich wären durch eine psycho-onkologische Begleitung im Anschluss an meine Krebs-Behandlung viel schneller und effektiver eine Verbesserung eingetreten. Zwar kann man sich aus dem Teufelskreis der Depressionen und depressiven Phasen immer nur aus eigener Kraft befreien, jedoch ist es hilfreich, jemanden zu haben, der an den Ursachen arbeitet und eventuell Methoden und Richtungen aufzeigt, damit richtig und sinnvoll umzugehen. Je nachdem wie stark die Depression ausgeprägt ist, gibt es un-

terschiedliche Varianten wie zum *Beispiel Psychotherapie, kognitive Verhaltenstherapie, psychodynamische Psychotherapie oder interpersonelle Psychotherapie.*[20]

Wie ging es weiter?

Ich wollte wieder mehr Spaß empfinden und war nahezu jedes Wochenende unterwegs und machte die Nacht zum Tag. Das tat gut, denn ich war abgelenkt, hatte wieder soziale Kontakte und kam so auch zu anderen Aktivitäten jenseits des Clublebens.

Auch nahm ich wieder Kontakt zu Corina auf. Dieser war nach der Chemo weniger geworden und seit meiner letzten Beziehung eingeschlafen. Wir trafen uns einmal in der Woche, um über Gott und die Welt zu reden. Es war auch nicht das erste Mal, dass dies in unserer Freundschaft passierte. In der Vergangenheit hatten wir uns schon das ein oder andere Mal aus den Augen verloren und wieder gefunden. Das Schöne war immer, dass keiner dem anderen sauer war.

Es spielte und spielt in unserer Freundschaft keine Rolle. Wir machten einfach da weiter, wo wir aufgehört hatten. So auch dieses Mal.

Sie bewunderte bei unserem ersten Treffen meine wieder lang-gewachsenen Haare und wir tauschten uns aus, was jedem von uns in der Zwischenzeit passiert war.

Was mir aber fehlte, waren intime Kontakte. Aus irgendeinem Grund viel es mir schwer mit dem andern Geschlecht zu flirten, geschweige denn, dass es zu mehr kam. Da kam mir die Idee, ein E-Book zu lesen, dass ich

---

20 Weiterführende Informationen http://www.apotheken-umschau.de/Depression/Depressionen-Psychotherapie-32754_7.html

kurz vor dem Ende meiner letzten Beziehung erworben hatte. Damals hatte ich gemerkt, dass es kriselte und hatte nach Tipps recherchiert, wie man seine Beziehung rettet.

Dabei stieß ich auf das Buch eines Pick-Up-Artists, also einer jener Männer, die der Legende zu folge jede Frau abschleppen können, die sie wollen. Es mag im ersten Augenblick etwas seltsam klingen, doch durch diesen Herren erkannte ich, dass ich erst einmal mich und mein Verhalten ändern musste. Da spielten die holden Damen und der Erfolg bei eben jenen eine untergeordnete Rolle. Ich analysierte also, wie ich früher war und wie sich dies zu mir heute unterschied. Dies stellte ich gegenüber mit der Fragestellung: Wer will ich sein/ werden? Wie erreiche ich das? Was macht mich glücklich? Was finde ich an mir und meinem Körper liebenswert?

Etwas später entdeckte ich das Werk eines Life-Coaches, in dem ich einige Parallelen entdeckte im Bezug auf die Achtsamkeit mit mir selbst. Beides verband ich miteinander um daraus die Fragen an mich selbst neu zu formulieren. Zum Beispiel: Wie werde ich der, der ich bin? Also eben jene Person, die mir inne wohnt, die zu diesem Zeitpunkt aber versteckt unter meinen emotionalen und psychischen Mauern verbarg. Die unter der Oberfläche von vermeintlichen gesellschaftlichen Konventionen versteckt war.

Parallel probierte ich natürlich auch die unterschiedlichen Flirttipps aus. Am Anfang mit mäßigem, später mit zunehmendem Erfolg. Wenn ich flirtete, dann immer mehr ohne Ziel. Einfach nur um ein schönes Gespräch zu haben und neue Menschen kennen zu lernen.

Schritt für Schritt gelang es mir, aus meinen diversen Komfortzonen herauszutreten. Aber der wichtigste Punkt war, dass ich lernte, wie ich mit meinen depressiven Verstimmungen umgehen konnte. Was passierte genau?

Ich merkte, dass immer, wenn sich diese depressiven Verstimmungen ankündigten, ich diese unterdrückte und von mir wegschob.

Ich probierte also den umgekehrten Weg und ließ diese, wann immer es ging, zu. Anfangs war das nicht besonders angenehm. Es ist ein seltsames Gefühl zu weinen ohne einen konkreten Anlass zu haben. Doch ich bemerkte, dass es mir danach besser ging. Schon nach relativ kurzer Zeit wurde es leichter und es ging mir zu nehmend besser. Die depressiven Phasen wurden erträglicher.

Ich ging noch einen Schritt weiter und begann zu meditieren. Diese Phasen, in denen ich mich ganz und gar auf mich konzentrieren konnte und sämtliche Störquellen ausblendete taten unheimlich gut. Genau wie der Krebs wurden meine depressiven Phasen zu meinen Begleitern. Ich sah sie nicht mehr als etwas gegen das ich mich wehren musste und so nahm ich ihnen auch die Macht über mich. Sie wurden kleiner und unbedeutender, so dass ich irgendwann tatsächlich sagen konnte, ich habe zwar diese Phasen, aber ich leide nicht darunter.

Für den Krebspatienten:

Es hat mich viel Zeit gekostet und eine intensive Auseinandersetzung mit mir selbst erfordert. Mein Glück war, dass zu jenem Zeitpunkt die für mich zielführenden

Quellen und Informationen ihren Weg zu mir fanden. Klingt esoterisch, ist aber so.

Das Buch eines Lifecoaches oder Pick-Up-Artist[21] alleine – so gut es auch geschrieben sein mag – wird dir aus Depressionen oder depressiven Phasen nicht automatisch raus helfen. Es war ein sehr spezieller Weg, den ich eingeschlagen habe. Ich halte mich deswegen nicht für besonders stark. Wer weiß, vielleicht würde eine meiner beendeten Beziehungen heute noch bestehen. Vielleicht wäre auch eine der Affären zu einer Beziehung geworden, wenn ich mir von Anfang an professionelle Hilfe gesucht hätte. Es ist müßig darüber nachzudenken, denn die Zeit lässt sich nicht zurückdrehen.

Daher sei du bitte so schlau und verlange eine Beratung zu diesen Themen. Grade, wenn deine Krebserkrankung mit sichtbaren Narben oder körperlichen Einschränkungen verbunden ist. Jedes Krankenhaus hat einen psychologischen Dienst. Deine Krankenkasse, dein Hausarzt oder Onkologe kann dir dabei helfen einen Psychologen zu finden. Du kannst auch selbst recherchieren. Wenn Du dich in Behandlung begibst, dann finde auch hier den Mut und rede offen mit deiner Familie und deinen Freunden darüber. Zumindest der engste Kreis sollte darüber Bescheid wissen.

---

21 Ich nenne bewusst weder den Namen des Pick-up-Artists, noch den des Lifes-Coaches, da mein Weg nicht der ideale gewesen ist. Ich möchte mitunter schädliche Selbsttherapie-Versuche der Leserschaft vermeiden. Hinzu kommt, dass der Life Coach mittlerweile einen Weg eingeschlagen hat, den ich nicht länger gutheißen kann. Waren seine Bücher und Vortragsreihen zu Beginn noch geprägt von der Aussage, dass jeder frei entscheiden kann und soll, was aus seiner »Lehre« zu einem passt, gehen seine Äußerungen nun immer mehr in die Richtung das nur seine Auffassung die einzig richtige ist. Ich finde diese Entwicklung sehr bedauerlich, da mir grade dieser freiheitliche Grundgedanke sehr zu gesagt hat.

Wenn du grade frisch im Club der Eineiigen bist und auf Grund deines neuen Körpers Hemmungen hast, dich deinen bevorzugten Geschlechtspartnern wieder anzunähern, fragst du dich vielleicht, wie ich damit umgegangen bin und wie die Reaktionen waren. Ganz zu Anfang habe ich, bevor es zum Sex kam, die Damen vorher aufgeklärt, dass bei mir etwas anders ist. Später habe ich es dann einfach darauf ankommen lassen.

Kein einziges Mal hat sich eine meiner Eroberungen zurückgezogen oder war angewidert oder hat sich in sonst einer Weise negativ geäußert. Meist kam die Frage, ob es mir jetzt wieder gut gehe oder ob der Krebs weg ist. Nachdem ich diese dann bejahte, erntete ich meist ein Lächeln.

Also nur Mut. Natürlich kann es sein, dass jemand darunter ist, der sich davon abgestoßen fühlt. Ich wäre aber auch für eine solche Erfahrung dankbar gewesen, denn so hätte ich meine Zeit nicht weiter mit dieser Person verschwenden müssen.

3.8 Ein kleines Wunder

Nach dem ich mich damit abgefunden und mit mir selbst Frieden geschlossen hatte, dass der eigene Nachwuchs in diesem Leben ausbleiben würde, lebte ich ein Leben, das manch einer wohl als hedonistisch bezeichnen würde, was ich jedoch nicht so empfand. Ich gab mich – wie im Kapitel zuvor angedeutet – dem ›Dolce Vita‹ nach meiner Definition hin und lebte damit gut und zufrieden. Mit einer Ausnahme blieb ich bewusst Single, denn ich wollte mich nur dann binden, wenn ich dazu wirklich bereit war und mich wirklich und wahrhaftig verlieben würde.

Diese Frau traf ich dann auch. Es wahr aufgrund einiger Umstände sehr unwahrscheinlich, aber sie wurde von mir schwanger und wir würden Eltern unseres Sohnes werden.

Als ich davon erfuhr, dass ich Vater werden würde, war ich zu Beginn mit der Situation überfordert, aber dennoch war es für mich die schönste Nachricht, die ich in meinem bisherigen Leben erhalten habe. Mittlerweile sind wir kein Paar mehr, doch wir haben uns gemeinsam eine gute Basis erarbeitet, auch das war und ist nicht immer leicht, doch wir wissen wofür. Den kleinen Mann liebe ich abgöttisch und möchte ihn nicht mehr missen. Gleichzeitig war er der Antrieb meine Zelte in Potsdam ab zu brechen und nach Hannover zu ziehen, um in seiner Nähe sein zu können. Dank ihm habe ich eine weitere Komfort-Zone verlassen können, in der ich schon ein paar Jahre gefangen war.

3.9 Chronische Nebenwirkungen bei mir

Es gibt ein paar Dinge, die merke ich auch nach all dieser Zeit immer noch. So ist durch die Chemo meine Lunge nicht mehr so leistungsfähig wie vorher. Im normalen Alltag merke ich das kaum. Lediglich beim Schwimmen merke ich, dass ich schneller außer Atem bin als früher. Es ist nicht weiter tragisch, da ich nie angestrebt hatte, Leistungsschwimmer zu werden. Zwar hat sich die Leistungsfähigkeit meiner Lunge über die Jahre verbessert, auf das alte Level werde ich es nicht mehr schaffen. Auch fühle ich mich oft müde und bevorzuge nach meinen zweiten Flegeljahren mittlerweile eher ruhige Gesellschaft bei einem netten Essen und guten Gesprächen. Natürlich bin ich auch immer noch aktiv bei meinen Hobbys. Einige haben sich auch erst nach dem Krebs entwickelt. Dennoch lasse ich es schrittweise immer ruhiger angehen.

Meine depressiven Verstimmungen sind weniger und milder geworden. Es gibt sie jedoch hin und wieder.

Eine Besonderheit ist meine »Blinker-Nase«. Mein Geruchsorgan hat scheinbar einen Wackelkontakt, denn manchmal rieche ich sehr gut und dann rieche ich zeitweise gar nichts. Die Ausfallzeiten haben dabei durchaus auch ihre Vorteile. Mir fällt da spontan eine überfüllte Straßenbahn der BVG[22] im Hochsommer ein. Allerdings kann ich nicht belegen, dass dieser Effekt durch die Chemotherapie verursacht wurde. Es ist gut möglich, dass diese Eigenschaft schon vorher da war. Ich habe es nach der Chemotherapie festgestellt.

---

22 BVG = Berliner Verkehrsbetriebe

3.10 Was mir der Krebs über mich erzählt hat

Heute, 2016 sind 10 Jahre vergangen, seit dem ich mich dem Kampf mit und gegen den Krebs gestellt habe. Vor allem die Zeit danach hat mir viel über mich gezeigt. Vieles sehe ich gelassener als meine Mitmenschen, rege mich nicht so schnell auf. Es gibt so vieles, was letztenendes auf lange Sicht bedeutungslos ist. Im Berufsalltag geht etwas schief. Na und? Lieber schaue ich mir an, was schief gegangen ist, um es beim nächsten mal besser zu machen oder habe einen Plan, wie ich die Zeit (zum Beispiel bei einer technischen Störung) sinnvoll nutzen kann. Vor dem Krebs wäre ich sehr nervös geworden und hätte mir grade als Teamleiter sorgen um den Umsatz gemacht.

Ähnlich wie Lars, war ich vor dem Krebs jemand, der sehr viel vorausgeplant hat. Ich habe gelernt im Hier und Jetzt zu leben. Den Augenblick wahrzunehmen und zu genießen.

In manchen Fällen kann es sinnvoll sein nicht mehr darüber nachzudenken. Bei mir war das vor allem die medizinische Zeugungsfähigkeit. Im Jahr 2013 schloss ich mit dem Thema eigene Kinder ab und dachte nicht mehr darüber nach. Seit Ende 2014 bin ich Vater eines gesunden Jungen und je älter er wird, umso mehr erkenne ich mich in ihm wieder. Ich werde zukünftig keine Spermiogramme mehr erstellen lassen, denn es interessiert mich schlicht weg nicht, was die Wissenschaft sagt. Mutter Natur, Gott, dem Universum – wem auch immer – waren die Ergebnisse auch egal.

Auch dem Tod sehe ich gelassen entgegen. Zwar macht mir die Ungewissheit, wie mein Sterbeprozess ablaufen wird durchaus Angst, vor der Endlichkeit meiner Existenz fürchte ich mich jedoch nicht. Das geht sogar so weit, dass es für mich bedeutungslos geworden ist, wie viele Tage noch vor mir liegen. Verstehe mich bitte richtig. Ich lebe gern und möchte dies auch noch lange auskosten. Mit mir selbst bin ich im Reinen, dass der Gedanke daran heute oder morgen nicht mehr dazu sein, mich nicht erschreckt.

Daraus folgt für mich auch noch eine andere Konsequenz: Sollte der Krebs eines Tages vielleicht wieder kommen, würde ich eine Chemotherapie oder Bestrahlung ablehnen. Einmal diese Erfahrung gemacht zu haben, reicht mir vollkommen. Der einzige Grund, warum ich erneut einer solchen Behandlung im Moment zustimmen würde, ist mein Sohn, für den ich so lange und so gut es geht, da sein möchte.

Bitte schließe jetzt nicht für dich daraus, dass du eine Chemo ablehnen solltest. Diese Entscheidung kann und werde ich dir nicht abnehmen. Auch wenn so eine Therapie sehr hart für Körper und Seele sein kann, ist sie derzeit für einen Krebspatienten, die beste Chance den Krebs zu besiegen. Das sollte dir immer bewusst sein. Ich hoffe sehr darauf, dass zukünftig sanftere Methoden ihren Weg in die Behandlung von Krebspatienten finden werden.

Vielleicht sagt dir der Name Reinhard Lakomy etwas. Lakomy ist in der BRD hauptsächlich durch seine Geschichten und Kinderlieder um den »Traumzauberbaum« bekannt. In der ehemaligen DDR war er darüber hinaus ein erfolgreicher und experimentierfreudiger Liedermacher und

Komponist. Lakomy verstarb im Alter von 67 Jahren 2013 an Lungenkrebs und hatte nach der Diagnose die Chemotherapie bewusst abgelehnt, da er meinte: »Wenn man auf ein so reiches Leben zurückblicken kann, wird das Fest nicht schöner, nur weil es länger dauert.«

Als ich damals von seinem Tod hörte, war ich sehr betroffen, denn neben dem Traumzauberbaum hörte ich als Kind auch »Mimmelitt, das Stadtkaninchen« rauf und runter. Obwohl ich seine Kinderlieder zwanzig Jahre nicht gehört hatte, ertappte ich mich dabei, dass ich in den 2000ern Lieder von jener Schallplatte immer noch auswendig kannte und sang. Sein Statement hatte für mich etwas sehr Starkes. So was kann nur von jemandem kommen, der zufrieden mit dem ist, was er in seinem Leben erreicht hat und mit sich selbst im Einklang ist. Mir hat es zudem aufgezeigt, dass auch eine solche Krankheit ein Geschenk sein kann. Durch seine bewusste Entscheidung, jegliche Behandlungen abzulehnen, gab Lakomy sich und seiner Familie die Chance eines würdevollen Abschieds. Sollte mich die Krankheit eines Tages wieder ereilen, so hoffe ich, genau diese Stärke zu haben und genauso auf mein Leben zurückblicken zu können.

Bin ich durch die lange Zeit zu einem anderen oder gar besseren Menschen geworden? Sicher habe ich mich verändert. Vor allem auf die Veränderungen, die ich durch Arbeit an mir selbst erreicht habe, bin ich stolz. Nach wie vor bin ich ein Mensch mit Ecken und Kanten. Ich habe meine guten und schlechten Eigenschaften und sicher immer noch die ein oder andere Komfort-Zone, aus der ich mich noch nicht befreit habe. Ich möchte sogar behaupten, dass ich durch die Wandlung der letzten Jahre den ein oder anderen in meinem Freundes- und Bekanntenkreis mit meiner Wandlung sicher vor den Kopf gestoßen habe. Zu ungewohnt waren die nach außen plötzlich wirkenden Änderungen in meinem Verhalten.

Sicher lebe ich kein Leben, wie man es bei jemandem vorstellt, der den Krebs besiegt hat. Ich rauche wieder, esse phasenweise nicht immer gesund. Aber ich lebe bewusster, als ich es vor der Krankheit getan habe und versuche, dies mit viel Genuss zu tun.

Einen ganz wichtige Lehre habe ich aus der Verarbeitung meiner Krankheit gezogen: Du kannst dich von deinen Grenzen und Diagnosen einschränken lassen oder du kannst diese überwinden. Wie du es machst, liegt bei dir.

Ohne den Krebs wäre dieses Buch nie entstanden, dessen Schreibprozess mich zu neuen Ideen für andere Bücher anregte. Demnach ist das Schreiben nach langer Zeit wieder zu einer Leidenschaft geworden.

3.11 Die Krebskarte

An dieser Stelle möchte ich auf ein Thema gesondert eingehen, das in nahezu jeder Phase der Krankheit passt. Ich nenne es die Krebskarte. Diese wird gern von Krebskranken oder ihren Angehörigen gespielt. Sie steht für alle Nebensätze, deren Bedeutung »Ich/Du/Er/Sie hab/hast/hat Krebs, deshalb ...« ist, um damit ein Verhalten zu entschuldigen oder zu begründen.

Grade als Krebskranker solltest du dir bewusst sein, ob und wie du die Krebskarte spielen möchtest. Wenn du sie spielst, dann lebe mit den Konsequenzen. Es wird mit hoher Wahrscheinlichkeit passieren, dass dein Umfeld deine Aussage akzeptiert und das muss nicht immer positiv für dich sein.

Wie soll dich dein Umfeld sehen und behandeln? Als das Opfer, das unter dem Krebs leidet? Oder möchtest du weiterhin als du selbst gesehen werden? Klar darfst du schwache Momente haben, ängstlich sein, weinen und deine Wut über deine Situation herausschreien. Es kommt auch nicht darauf an welche »Sorte« Krebs du hast. Du brauchst deine Erkrankung auch nicht zu vergleichen mit anderen Krebsvarianten. Die Diagnose macht Angst, Operationen und Therapien sind alle hart. Dich und deine Situation mit anderen zu vergleichen, bringt dich nicht weiter.

Aber wenn du willst, dass dich dein Umfeld weiterhin als die Person sehen soll, die du vorher warst, dann benutze den Krebs nicht als Ausrede, weil du etwas nicht willst oder schaffst. Es sei denn, du möchtest bemitleidet werden. Dann lebe damit, dass es einigen egal sein wird und andere dich nur noch bemitleiden.

Es gab in meinem Umfeld jemanden, der in meinen Augen etwas besonders Fieses tat. Er nutze die Krebskarte, um Frauen ins Bett zu kriegen (Ich hab vielleicht nicht mehr lange ...). Dabei hatte er lediglich wiederauftretende gutartige Tumore. Ein solches Verhalten ist weder den Frauen noch jenen, mit weit schlechteren Diagnosen gegenüber fair und für dich selbst ein Armutszeugnis. Stell dir vor, du triffst mit einer solchen Ausrede auf jemanden, in dem du auf einmal mehr siehst und ihr werdet ein Paar. Du hast dann deine Beziehung mit einer Lüge begonnen. Keine gute Basis.

Umgekehrt gilt für die Angehörigen: Konsequent sein. Es ist erstaunlich, wie nach dem ersten Schock der Diagnose der Krebskranke auf einmal seinen Kampfgeist entdeckt. Das ist gut und nicht selten fällt der Satz: »Ich möchte normal behandelt werden.«

Bingo! Dann macht genau das. Behandelt ihn wie einen Gesunden und lasst ihn hier auch nicht raus. Es wird Momente der Schwäche geben. Diese dürfen sein und auch Trost darf gespendet werden. Das würdet ihr mit einem Gesunden genauso machen. Aber lasst ihn sich niemals ausruhen auf der Aussage: »Ich habe/hatte Krebs und deshalb...«

Das ist nicht immer leicht, aber es hilft wesentlich mehr auf lange Sicht. So kriegt ihr ihn aus seiner Lethargie und depressiven Phasen besser heraus, als wenn ihr ihn in Watte packt. Natürlich braucht jemand mit einer schweren Erkrankung in manchen Phasen etwas mehr Unterstützung. Doch wenn diese vorbei sind, dann heißt es zurück in den Normalmodus.

3.12 Interview Simon

Simon kannte ich vor dem Interview nicht. Durch eine gemeinsame Freundin kamen wir in Kontakt. Wir trafen uns im Februar 2016 in seiner Wohnung in Hannover.

Diagnose: Hirntumor im Januar 2015
Behandlung: Operation und Chemotherapie
Alter zum Zeitpunkt des Interviews: 27 Jahre

Frage: Woran hast du bemerkt, dass etwas nicht stimmt? Wie wurde der Krebs bei dir entdeckt?

Antwort: Bemerkt hab ich es über Kopfschmerzen. Ich habe die Weihnachtsfeiertage über arbeiten müssen und habe Kopfschmerzen bekommen. Das war die Art, die in den Büchern immer so schön als Verhütungskopfschmerzen[23] beschrieben wird.

Die Schmerzen haben mich dazu gebracht, dass ich mich kaum noch bewegen konnte und gar nichts mehr machen wollte. Die kamen immer stoßweise und verschwanden dann wieder komplett. In den ersten Tagen habe ich mir nichts dabei gedacht und bin dann aber am 26.12. Abends ins Krankenhaus gegangen. Ein Bekannter von mir hat dort in der Notaufnahme gearbeitet und mich durchgecheckt.

Wir haben ein CT gemacht. Da hat man gar nichts gesehen, außer dass die beiden Hohlräume im Gehirn unterschiedlich groß waren. Der linke war etwas größer, mehr konnte man auch nicht sehen, da Lymphgewebe beim Röntgen nicht zu erkennen ist. Dann bekam ich etwas gegen die Schmerzen und wurde nach Hause geschickt mit

---

23 Starke Kopfschmerzen ausgelöst durch hormonelle Verhütungsmittel

der Auflage wieder zu kommen, wenn die Schmerzen erneut auftreten sollten. Dementsprechend bin ich am nächsten Tag auch wieder dort gewesen, weil die Schmerzen auftraten. Ich wurde dann aufgenommen und über Nacht überwacht und wurde am nächsten Tag wieder nach Hause geschickt, da in der Nacht keine Auffälligkeiten waren.

Ein paar Tage später habe ich dann wieder richtig schlimme Kopfschmerzen gekriegt. Heftiger denn je. So stark, dass ich nur noch verschwommen sehen konnte. Mir war total schwindelig. Es kam dann so weit, dass meine Nachbarn, ein befreundetes Pärchen, den Rettungsdienst gerufen haben. Meine Kollegen vom Roten Kreuz haben mich dann wieder in Krankenhaus gebracht, wo zufällig derselbe Neurologe im Dienst war. Dieser konnte sich noch an meine Geschichte erinnern und hat auch gleich gesagt: »Jetzt bleiben Sie hier. Jetzt wird das geklärt.«

Ich wurde dann erst mal stationär aufgenommen und am 30.12.2014 in die medizinische Hochschule geschickt, um dort Neurochirurgen drauf gucken zu lassen. Dort wurde ich dann aufgenommen und über Silvester dabehalten. An den Feiertagen ist dann natürlich nichts passiert, aber gleich am 2.1.2015 wurde ein Kontrastmittel-MRT gemacht. Dabei hat man dann festgestellt, dass die Weitung des Hohlraums im Kopf und die Kopfschmerzen von einem Tumor verursacht werden, der in diesem Hohlraum gewachsen ist.

F: Was war dein Gedanken, als du die Diagnose bekommen hast?

A: Ich habe mir da ehrlich gesagt nie wirklich Sorgen gemacht. Mein Gott, dann hab´ ich da halt was. Ich bin familiär relativ stark vorbelastet mit Krebs, dem entsprechend war mir klar, dass da irgendwann mal sowas kommen kann. Das es so früh kam, war nicht schön, aber war eben so. Und für mich war ganz klar: Das Ding muss da raus und behandelt werden, danach geht es dir wieder gut.

Es war bei mir nie Trübsal blasen angesagt, sondern operieren raus und fertig. Ich muss dazu sagen, dass der Oberarzt in der Hochschule, der mich behandelt hat, mir sagte, dass an solchen Stellen vorwiegend gutartige Tumore wachsen und somit solle ich mir nicht so große Sorgen machen. Ein paar Tage nach der OP als dann der Befund da war, hieß es dann: »Der war leider doch bösartig.«

Da ich selbst seit dem ich aus der Schule raus bin in der Medizin arbeite, habe ich selbst auch ein etwas anderes Verständnis dafür und wahrscheinlich auch weniger Angst davor als andere. Durch meinen Beruf als Krankenpfleger und jetzt Rettungssanitäter weiß ich mehr als manch anderer, was in der Medizin überhaupt möglich ist und ich hatte schon Erfahrung mit Hirntumor-Patienten, da ich einige davon vorher betreut habe. Dazu muss ich auch sagen, dass man sowohl auf der Station, auf der ich operiert wurde, als auch auf der Station, auf der ich während der Chemotherapie war, immer offen und ehrlich mit mir umgegangen wurde und mich immer als vollwertig entscheidend betrachtete. Mir wurde zudem auch das Gefühl gegeben, dass ich absolut sicher bin bei denen. Ich hab mich dort sehr wohl gefühlt und auch gut behandelt.

F: Welche Reaktionen kamen aus deinem Umfeld?

A: Ich bin mit diesem Thema meiner Familie und meinen Freunden gegenüber von vornherein sehr offen umgegangen. Ich habe bei Facebook sehr öffentlich für alle meine Freunde geteilt, was grade passiert und was mit mir los ist, damit alle Bescheid wissen.

Ich habe Fotos geteilt vor und nach der OP, habe mitgeteilt wie es mir grade geht oder zum Beispiel auch Fortschritte: »Heute ist der Tag. Das Erste mal wieder feste Nahrung!« Usw. Einfach damit die Leute, falls es sie interessiert, wissen, was Phase ist und ich nicht alles doppelt und dreifach erzählen muss.

Aus dem Freundeskreis und der Familie habe ich immer Unterstützung erfahren. Es war nie so, dass ich alleine war. Jeden Tag kam irgendwer. Teilweise hab ich Feedback von Leuten bekommen, bei denen ich das echt nicht gedacht hätte. Umgekehrt kam von Leuten, von denen ich mehr erwartet hätte, gar nichts.

Daher kann man schon sagen, dass durch diesen Verlauf der Krankheit ich meinen Freundeskreis ein wenig umstrukturiert und aufgeräumt habe.

Auch aus der Familie kam viel Unterstützung. Meine Eltern sind getrennt und mein Vater und meine Schwester wohnen in Bremen. Meine Schwester ist häufig nach der Arbeit ins Auto gestiegen und hierher (Hannover) gekommen. Auch mein Vater und seine Partnerin haben mich immer mal wieder besucht.

Mein Vater ist auch in seiner Firma ganz offen mit diesem Thema umgegangen. Er war damals kurz vor der Rente und hat seine Nachfolgerin eingearbeitet und hat ganz offen kommuniziert, dass ich krank bin und dass ihm seine Mitarbeiter nicht böse sein sollten, wenn er mal mit den Gedanken woanders sein sollte. Er hat mir erzählt, dass das auch vorgekommen ist.

In solchen Momenten war dann auch vollstes Verständnis da. Es kamen auch von vielen seiner Kollegen, die mich zum Teil gar nicht kannten, Nachfragen, wie es mir geht und haben unbekannterweise Grüße an mich ausrichten lassen. Ich fand das sehr nett, da ich wusste, dass es meiner Familie dadurch leichter fallen würde.

Ich mache American Football und bei amerikanischen Sportarten ist das Teamgefühl ein sehr viel stärkeres. Aus meinem Sportverein gab es eine Aktion, dass ein paar Leute ein Bild erstellt haben. Einer hat Blätter mit großen Buchstaben ausgedruckt und nach einem Spiel hat jeder einen Buchstaben in die Hand genommen, so dass der Spruch »Fuck Cancer« (Fick dich, Krebs!) zu lesen war. Davon haben sie ein Photo gemacht und eingerahmt. Dazu haben sie noch ein Teamtrikot gelegt und mir beides geschenkt. Das fand ich echt gut. Das Bild habe ich auch komplett öffentlich auf Facebook geteilt. Ich weiß zwar nicht wie weit das die Runde gemacht hat, aber ich fand es einfach bemerkenswert, dass das Team so hinter mir stand. Das hatte ich so nicht erwartet.

F: Wem hast du dich als Erstes anvertraut und wie hat er reagiert?

A: Das weiß ich gar nicht mehr so genau. Vermutlich meiner Mutter, da sie von meiner Familie als einzige noch in Hannover wohnt und meinen Nachbarn, dem befreundeten Pärchen. Aber ich kann gar nicht sagen, mit wem ich da das erste Mal drüber kommuniziert habe.

F: Wer war für dich in dieser Zeit die beste Kraftquelle und warum?

A: Das war die Familie insgesamt. Meine Mutter, mein Vater und seine Freundin, meine Schwester, die immer wieder vorbeikam, obwohl sie noch im Klausurenstress war. Sie haben mir damit gezeigt, dass sie da sind und dass ihnen alles andere egal ist.

Aber auch einige meiner Freunde. Es gab ein paar, die waren mindestens einmal pro Woche da, haben mir so gezeigt, dass sie für mich da sind, selbst wenn es nur kurz war. Es gab auch Freunde, die ich vorher eher als Bekannte wahrgenommen habe und die dann aber gezeigt haben, dass es ihnen wirklich zu herzen geht, was mit mir passierte.

A: Wie ist die Chemotherapie bei dir Verlaufen?

F: Dazu muss ich erklären, dass es in Hannover die Tumorkonferenz gibt. Dort sitzen aus allen Krankenhäusern Experten zusammen und besprechen einen Krebsfall, so wie meinen. Dort wird der Fall vorgetragen und beraten, welche Therapie da am besten gemacht wird. In dieser Konferenz hat man ein Chemo-Protokoll beschlossen, was bei mir absolviert werden soll.

Für die Chemos habe ich ZVKs, zentrale Venenzugänge, bekommen um die Medikamente möglichst körperschonend zuführen zu können. Das Stechen war schon ein ganz schöner Akt, weil das stellenweise sehr unangenehm ist.

Die ersten vier Zyklen waren komplett identisch. Ich bekam fünf verschiedene Medikamente. Sechs Tage bekam ich die Therapie und am siebten Tag wurden meine Blutwerte kontrolliert und im Anschluss wurde ich nach Hause geschickt. Dann war ich meistens zwei Wochen zu Hause und in dieser Zeit bei der ambulanten Therapie.

Habe dann Blutkonserven und Trombozythen, also Gerinnungshemmer, bekommen. Ich habe Antibiotika nehmen müssen, weil das Immunsystem gedrückt war. Das ganze eben vier Mal am Stück und auch relativ komplikationslos.

Das einzige was nervig war; am letzten Tag des Zyklus kam der Schlauch aus dem Hals raus und den ersten Tag des neuen Zyklus kam er wieder rein. Dementsprechend sind auch Narben am Hals zurückgeblieben.

Ein einziges Mal hab ich es geschafft mich zwischen den Chemo-Zyklen schwer zu erkälten. Man hatte mir gesagt, dass wenn ich erhöhte Temperatur habe und einen Grenzwert erreiche, soll ich mich sofort im Krankenhaus einfinden. Das habe ich dann auch gemacht und war dann eine Woche extra dort. Im Anschluss daran wurde dann direkt der nächste Zyklus gemacht.

Der fünfte Zyklus: Das waren nur drei Tage mit zwei Medikamenten. Beim ersten Medikament, ich weiß gar nicht mehr wie das hieß, war reiner Alkohol drin und dementsprechend war ich während der Chemo hackedicht. Ich hab dieses Zeug gekriegt und musste dann fragen: »Was ist das? Ich werde betrunken.«

Dann hat man mir die absolute Keule gegeben. Das letzte Medikament war dafür gedacht, alles Gewebe, was sich schnell teilt, anzugreifen und komplett stillzulegen. Aufgrund dessen musste ich auch vor der Chemotherapie meine Stammzellen spenden. Die wurden angereichert und eingefroren und als mein Immunsystem in den Keller ging, bekam ich diese verabreicht. Diese mussten dann ein neues Immunsystem bilden. Als sich die Werte dann wieder nach oben entwickelten und halbwegs in Ordnung waren, konnte ich wieder nach Hause.

Das Problem dabei war, dass zu schnell-teilenden Zellen auch alle möglichen Schleimhäute gehören. Die Mundschleimhaut ist kaputt gegangen und ich musste eine spezielle Mundspülung nehmen. Beim letzten Zyklus ist dann auch die komplette Darmschleimhaut kaputt gegangen, das heißt, ich konnte Wochen lang überhaupt nicht essen. Ich wurde dann künstlich über die Vene ernährt und langsam wieder zum eigenständigen Essen geführt. Als das dann wieder ging, konnte ich das Krankenhaus verlassen. Das war etwas nervig auf dieser Station. Ich habe gemerkt, dass dort ein gewisser Zeitdruck war, weil ständig Menschen da waren, die ihre Chemo machen mussten. Es war nicht so entspannt, sondern sobald du einigermaßen wieder fit warst, hieß es: »Tschüss, ab nach Hause. Wir brauchen das Bett. Da stehen drei Leute Schlange.«

Das Ganze ging von Ende März bis Mitte August. Den Rest vom August und September war ich dann noch zu Hause, um mich ein wenig zu erhole. Im Oktober / November hab ich dann noch eine Weiterbildung zu Ende gemacht, die ich vor der Diagnose begonnen hatte und seit Dezember arbeite ich wieder.

F: Hast du Veränderungen bei dir festgestellt?

A: Ja, tatsächlich schon so ein bisschen. Einerseits, was Freunde angeht: Von einigen, die ich als gute Freunde angesehen habe, von denen ich ganz genau weiß, dass sie das mitbekommen haben und ich zumindest mal eine Meldung erwartet hätte, habe ich mich tatsächlich menschlich getrennt.

Generell, wenn es ums Essen und Leben geht: Ich muss nicht mehr das günstigste haben. Wenn ich zu Beispiel ein ordentliches Stück Fleisch essen will, dann gehe ich lieber zum Schlachter und zahle das doppelte von dem, was ich im Supermarkt zahlen müsste, dafür weiß ich aber, dass es vernünftige Qualität ist und deutlich besser schmeckt. So was ist mir seit dem noch wichtiger geworden. Das Leben an sich.

F: Wie ist deine Erfahrung mit Ärzten, Pflegern und Krankenhaus aus dieser Zeit?

A: Bei den Ärzten mehr oder weniger durchgehend im Gedächtnis geblieben. Ein Arzt von der Station, auf der ich operiert wurde, kam mir auf meinem Weg zur Chemo entgegen und konnte sich sofort an mich erinnern und hat mich angesprochen. Er hat sich erkundigt wie es mir geht und hat sich die Narbe angesehen.

Das Pflegepersonal auf beiden Stationen war immer sehr freundlich und zuvorkommend. Ich bin mit einem Kumpel in einem Pub gewesen, in dem an diesem Tag auch die gesamte Belegschaft der Abteilung war. Die haben da wohl einen Stationsausflug oder sowas gemacht. Ich wurde auch hier sofort angesprochen und sie haben sich nach meinem Zustand erkundigt.

F: Welche Tipps hast du aus deiner Erfahrung für andere?

A: Ich persönlich habe sehr gute Erfahrung gemacht, sehr offen damit umzugehen. Egal ob Freunde oder Verwandte und Familie darüber zu informieren was Sache ist. Den Rückhalt von diesen Seiten zu bekommen und andererseits die Last zu verteilen, weil da Leute sind, die wissen, was mit mir ist, haben das im Hinterkopf und sind an meiner Seite.

Es lohnt sich auch, sich privat zu informieren. Es gibt viele Hilfe-Gruppen, die einen bei bestimmten Dingen unterstützen, wie zum Beispiel die Finanzierung von Samenspenden. Meine Krankenkasse zahlt hier gar nichts, es kostet aber siebenhundert Euro im Jahr, den ganzen Mist einzufrieren und aufzubewahren.

Ich finde wichtig, wenn man keine oder nur wenig Ahnung von Medizin hat, sich Informationen zu seiner Erkrankung einzuholen. Ich wusste im Vorfeld schon viel über die Prozesse in Krankenhäusern. Nun gibt es aber auch Menschen, die gar keinen Draht oder nur wenig Berührung damit haben. Denen würde ich raten, sich vorher zu informieren. Ich finde, Wissen beruhigt. Wenn ich wusste, was mit mir passiert, war ich beruhigter, als wenn es spontan passierte.

Sich selbst informieren und Vertrauen zu den Ärzten haben. Und wenn man kein Vertrauen mehr zu einem Arzt hat, muss man darüber auch sprechen. Es macht keinen Sinn, sich von einem Arzt durchgehend behandeln zu lassen, wenn man kein Vertrauen hat.

Und was Familie und Freunde angeht: Mir haben viele aus meinem Freundes- und Bekanntenkreis als Feedback gegeben, dass ihnen meine Erkrankung die Augen geöffnet hat. Sie kamen ins Nachdenken, ob Ihnen so was auch passieren könnte und wie gefährdet sie für Krebs sind.

Einige gehen zur Vorsorge, wenn sie in den entsprechenden Alters- oder Gefährdungsgruppen sind. Es ist aber auch wichtig, dem Erkrankten, grade wenn er verunsichert ist oder Angst hat, immer zu zeigen, dass jemand da ist, dass er niemals allein ist.

Das ist zwar bei jeder Erkrankung so, aber ich finde, grade bei Krebs ist es so, dass viele denken, sie müssen jetzt sterben. Für diese ist Krebs etwas Finales, weil sie die Wege und Möglichkeiten nicht kennen. Für diese Menschen muss man besonders da sein. Nicht zu aufdringlich, weil man auch mal einen Moment für sich braucht zum Nachdenken.

Familie und Freunde sind die beiden Größen, die einem den bedeutendsten Rückhalt geben können.

A: Gab es in der Zeit ein künstlerisches Werk, an das du gern zurückdenkst?

F: Eigentlich nicht. Ich bin kein großer Leser, ferngesehen habe ich in der Zeit auch kaum. Ich habe während der Zeit im Krankenhaus viel Musik gehört, aber das habe ich vorher auch. Da muss ich sagen, dass von diesen Faktoren keiner auf mich eingewirkt hat.

3.13 Facebook und soziale Medien

Facebook ist mittlerweile kaum noch aus dem täglichen Leben vieler wegzudenken. Kontakte werden gepflegt, Informationen gepostet und geteilt.

Sollte ich über dieses Medium auch meine Erkrankung öffentlich machen?

Ein einfaches Ja oder Nein werde ich hier nicht geben, denn es kommt auf dich selbst an. Bist du von Natur aus jemand, der sich online oder offline mitteilt, sollte das kein großes Problem sein. Es gibt jedoch ein paar Punkte, die dir vorher klar sein sollten:

Wie öffentlich will ich sein? Soziale Medien bieten verschiedene Möglichkeiten. Du kannst dich komplett öffnen, so dass auch jemand deine Einträge lesen kann, der dich gar nicht kennt. Du kannst die Einstellungen so vornehmen, dass nur Personen, die in deiner Freundesliste sind deine Einträge lesen können. Du kannst auch Chats oder Gruppen (öffentlich, geschlossen, geheim) eröffnen oder es ganz sein lassen und dich nur denen direkt öffnen, die dir am nächsten sind. Die Entscheidung liegt ganz bei dir.

Die Problematik, die ich bei Postings sehe, sind die Reaktionen, die darauf folgen können. Nicht jeder denkt ausreichend nach, bevor er auf deine Beiträge reagiert und nicht jeder ist dir immer wohlgesonnen. Cybermobbing oder Shitstorm können durch die nichtigsten Anlässe entstehen. Grade wenn die Freundesliste eine Vielzahl an rein digitalen Freundschaften aufweist. Wie gehst du mit der Enttäuschung um, wenn jemand, von dem du dachtest, dass er dir nahe steht, sich gar nicht dazu äußert? Du kannst dir nie sicher sein, ob er es überhaupt gelesen hat.

Natürlich kann es, wie im Fall von Simon, durchaus zu einem Umdenken und einer Neustrukturierung seiner sozialen Kontakte führen. Das kann durchaus etwas Reinigendes haben. Auf der anderen Seite bedenke bitte, dass grade jemand, der dir nahe steht, unter Umständen auch seine ganz eigenen Gründe hat, warum er nicht reagiert.

Hast du mit der Person vorher Kontakt aufgenommen und über deine Situation gesprochen? Es ist gut möglich, dass diese Person enttäuscht ist und nicht reagiert, weil du genau das nicht getan hast.

Wenn du dich dazu entscheidest an die »Öffentlichkeit« zu gehen, teile dich vorher denen mit, die dir wichtig sind. Am besten im direkten Kontakt: Persönlich oder am Telefon. Unabhängig von den sozialen Medien, werden es im Normalfall auch genau diese Menschen sein, die dich in dieser Zeit begleiten.

Wie würde ich mich heute verhalten? Eine gute Frage. Für mich war es selbst nach 10 Jahren eine großer Schritt meine Erkrankung außerhalb meines Freundes und Bekanntenkreises öffentlich zu machen. Im Alltag rede ich seit einigen Jahren genauso darüber, als würde ich über einen Konzertbesuch oder einen Film reden. Dem Gegenüber dabei direkt in die Augen zu sehen ist etwas ganz anderes, als dies einer fast anonymen Masse mit zu teilen.

4 Wissenswertes und Anregungen zur Krebstherapie

Vorwort zu diesem Teil

Ich weise an dieser Stelle darauf hin, dass ich kein Mediziner, Wissenschaftler oder Ähnliches bin. Ich bitte an dieser Stelle darum, die Einblicke und Gedankengänge zu den verschiedenen Unterpunkten als Ideen und Anregungen zu verstehen. Ziel dieses Teils ist es, dem Leser Möglichkeiten aufzuzeigen, damit dieser sich weitergehend informieren kann. Außerdem möchte ich die Dinge, die mich bewegt haben und mir ggf. geholfen haben hier mit dir teilen.

4.1 Alternativen und Ergänzungen zu Chemotherapie und Bestrahlung

Auch wenn ich dieses Thema bei der Recherche und Entstehung dieses Buches immer wieder bearbeitet habe, muss ich gestehen, dass ich hierbei ein flaues Gefühl habe. Auf diesem Gebiet bin ich kein Fachman noch bin ich Arzt. Ich möchte auch nicht Gefahr laufen, dir von den gängigen Behandlungs- und Therapiemethoden abzuraten und dir irgendwelche Alternativen aufzulisten deren Wirksamkeit weder wissenschaftlich noch durch persönliche Erfahrungen von mir belegt werden können. Das wäre nicht nur unverantwortlich, sondern mitunter lebensgefährlich.

Die Pharmaindustrie steht immer wieder im Verdacht, erfolgversprechende Medikamente zurückzuhalten, weil diese nicht genug Marge bringen. Dies scheint, wenn man den entsprechenden Artikeln Glauben schenken möchte, heimlich hinter verschlossenen Türen zu passieren. Allerdings möchte ich hier vor einer Verallgemeinerung warnen. Es gibt nicht »die Pharmaindustrie«. Sie besteht aus vielen Konzernen und Firmen, die sowohl national als auch international tätig sind. Sicher geht es hier, wie in allen Betrieben darum, Geld zu verdienen und nicht immer wird in allen Betrieben ethisch einwandfrei gehandelt. Des Weiteren solltest du auch bedenken, dass von der Grundlagenforschung bis zur Marktreife eines Medikamentes oft viele Jahre vergehen können.

Ich kann es nicht belegen, aber ich habe durch die Interviews und andere Gespräche den Eindruck gewonnen, dass Ärzte zunehmend die Schulmedizin mit alternativer

Medizin oder Naturheilverfahren kombinieren. Ebenso wird verstärkt beim Hodenkrebs das Stadium und Art des Tumors auf „Watchful Waiting" (Abwarten mit engmaschiger Nachkontrolle)[24] zurückgreifen, so mein Eindruck.

Auch wenn Chemotherapie und Bestrahlung bei den meisten Krebsarten in Verbindung mit einem operativen Eingriff immer noch die erfolgversprechendsten Methoden sind, gibt es in letzter Zeit eine Reihe von Alternativen oder Ergänzungen, die hohe Erfolge nachweisen können. Halte dazu am besten mit deinem behandelnden Onkologen Rücksprache und kläre mit der Krankenkasse, in wieweit sie die Kosten für diese ergänzenden Methoden übernehmen. Letzten Endes obliegt die Entscheidung dir.

Wenn du bereits selbst nach Alternativen geschaut hast, sei bitte vorsichtig. Leider tummeln sich auf dem Sektor der alternativen Medizin viele Scharlatane, die dir Heilung durch die Einnahme irgendwelcher lustigen Pillen oder ähnlichem versprechen. Hier sage ich ganz klar: „Finger weg!" Es gibt derzeit (noch) kein zugelassenes Medikament, dass den Krebs wie von Zauberhand verschwinden lässt. Es wird aber ständig an alternativen oder ergänzenden Behandlungsmethoden gearbeitet und geforscht, so dass sich hier jederzeit etwas tun kann.

Sei dir darüber bewusst, dass Krebs, wie viele andere Krankheiten auch immer ein Geschäft ist. Grade diejenigen, die die Schulmedizin komplett verteufeln und mit reißerisch

---

24 https://de.wikipedia.org/wiki/Hodenkrebs Abschnitt: Andere Therapiestrategien, aufgerufen 27.06.2016

geschriebenen Werbekampagnen für ihre Produkte werben, wollen auch nichts anderes, als die von ihnen schlecht geredete Pharmaindustrie. Dein Geld. Hier liest man nicht selten von der „Krebslüge" oder Ähnlichem.

Mitunter wird dann ein fast 2000 Seiten langes E-Book beworben, das nicht für 90 Euro, sondern „nur" gnädige 60 Euro erworben werden kann. Entscheide auch hier selbst, ob du bereit bist, so viel Geld in ein PDF-Dokument zu stecken.

Versteh mich richtig, wer ein Produkt oder eine Dienstleistung auf den Markt bringt, soll auch dafür entlohnt werden. Gar keine Frage. Aber wenn ich eine scheinbar soziale Mission habe, in der ich aufklären möchte, dann versuche ich, den Preis für meine Informationen so gering wie möglich zu halten, damit möglichst viele Menschen davon profitieren können.

Falls du aus irgend einem Grund jedoch mit dem Gedanken spielst, dir so ein Buch, wie oben beschrieben, doch zu kaufen, prüfe bitte die Quellen. Mit nur wenigen Stichworten in deiner favorisierten Internetsuchmaschine bekommst du schon viele Ergebnisse, vor allem zu den dort angepriesen Experten und angeblichen Studienergebnissen. Letztere sind zwar in einigen Fällen tatsächlich existent, geben in der Originalschrift bzw. in einer journalistischen Darstellung nochmal ein anderes, wesentlich ausgewogeneres Ergebnis wieder.

Einen in meinen Augen angenehm ausgeglichenen Artikel, der auch immer wieder aktualisiert wird, findest du in der Fußnote. Wenn du das E-Book hast, reicht ein Klick und du kommst sofort auf die Seite[25].

---

25 Quelle http://www.vital.de/gesundheit/erkrankungen/artikel/die-20-wichtigsten-krebstherapien aufgerufen 22.11.2015

4.2 Spezielle Diäten bei Krebs

In meinen Augen ein grenzwertiges Thema. Ich habe mich daher entschlossen, mich etwas allgemeiner zu halten. Was steckt hinter dem Begriff Diät? Diät leitet sich ab vom griechischen δίαιτα (díaita) und bedeutet ursprünglich Lebensweise/Lebensführung. Wir assoziieren damit heute zwei Dinge: Ernährungsformen, meist zum Abnehmen oder Abgeordnetenentschädigung für Parlamentarier.

Wir widmen uns hier den Ernährungsformen. Tatsächlich werden diese begleitend zur Behandlung bei bestimmten Krankheitsbildern eingesetzt, um deren Verlauf positiv zu beeinflussen. Wie ist das beim Krebs? Auf der Website der Deutschen Krebshilfe findet man hierzu folgende Aussage:

Krebsdiäten: Warum raten Fachleute zur Vorsicht?[26]

Fachleute warnen vor allem vor zu einseitigen Diäten. Viele sogenannte »Krebsdiäten« beruhen auf den gleichen Vorstellungen: Dem Körper fehlen einerseits bestimmte Nahrungsbestandteile, gleichzeitig kämpft er mit anderen Stoffen im Übermaß. Dieses Ungleichgewicht soll für die Krebsentstehung verantwortlich sein. Folgerichtig »funktionieren« diese Diäten dann auch nach einem gleichen Muster: Der Mangel wird ausgeglichen, das Übermaß vermieden oder ein Tumor wird regelrecht »ausgehungert«. Mit dem aktuellen Forschungsstand zur Krebsentstehung stimmen diese Theorien aber meist nicht überein. Deshalb ist es auch wenig wahrscheinlich, dass die

---

26 Quelle: https://www.krebsinformationsdienst.de/behandlung/ernaehrung-therapie-diaeten.php abgerufen15.09.2015

darauf aufbauenden Diäten die Krebsentstehung verhindern oder gar einen Tumor am Weiterwachsen hindern können. Experten warnen vor allem vor zu einseitigen Diätkonzepten: Fastenkuren und sehr strenge Vorschriften können Krebspatienten mehr schaden als nutzen, manche sind sogar gefährlich. Dazu zählt beispielsweise die »Krebskur total nach Breuss«, bei der die Ernährung 42 Tage lang nur aus Säften und Tees besteht. Auch andere Fastenkuren mögen für Gesunde noch vertretbar sein, nicht aber für schwerkranke Krebspatienten oder gar während einer Krebstherapie. Beispiele sind etwa das Heilfasten nach Buchinger oder die Kur nach F. X. Mayr.

Auch die aus den USA stammende Gerson-Diät in der ursprünglichen Fassung gehört dazu. Sie kombiniert eine streng vegetarische Ernährung mit Kaffee-Rizinus-Einläufen. Patienten erhalten nicht nur zu wenige Kalorien und Nährstoffe, sie verlieren außerdem wichtige Mineralstoffe, mit schwerwiegenden Folgen für den Stoffwechsel. Selbst von einigen vermeintlich modernen und wissenschaftlich angeblich fundierten Ratschlägen raten Fachgesellschaften ab.

Ein Beispiel ist die zurzeit sehr populäre »Ketogene Diät«: Es handelt sich dabei um eine Ernährungsform mit extrem wenig Kohlenhydraten, viel Fett und Eiweiß. Welche Wirkung diese Kostform hat, ist bei weitem noch nicht so gut untersucht, wie die Anbieter es darlegen. So steht beispielsweise bisher nicht fest, ob Krebszellen grundsätzlich auf den Entzug von Kohlenhydraten oder »Zucker« so empfindlich reagieren, wie es häufig propagiert wird. Ebenso ist fraglich, ob eine ketogene Diät nur mit den besonderen Produkten möglich ist, die für diese »Krebsdiät« beworben werden: Fachleute gehen davon aus, dass sich diese besondere Kostform auch mit ganz normalen Lebensmitteln durchführen lässt. Noch sind viele Fragen zur ketogenen Diät offen und aussagekräftige Studien mit vielen Krebspatienten gibt es bisher kaum.

Ich schließe mich dieser Aussage teilweise an. Allerdings aus etwas anderen Gesichtspunkten. Zum einen ist der Begriff der Diät negativ belegt und bedeutet für viele in erster Linie Verzicht. Das erzeugt keine positive Stimmung im Kopf und die ist nach meinem Dafürhalten immens wichtig für den gesamten Genesungsprozess.

Klar sollte man während einer Chemotherapie Alkoholgenuss meiden am besten ganz darauf verzichten. Ich selbst habe in dieser Zeit überhaupt keinen Alkohol getrunken. Er hat mir jedoch auch nicht gefehlt.

Die Problematik bei speziellen Diäten ist, dass diese oftmals sehr einseitig sind. Die Krebszellen entziehen dem Körper jedoch Nährstoffe, haben sogar einen Mehrbedarf durch ihr entartetes Wachstum. Der Körper braucht ebenso Nährstoffe für seine Abwehrkräfte.

Viel sinnvoller ist es daher in meinen Augen eher bestimmte Lebensmittel vermehrt zu sich zu nehmen und insgesamt seine Ernährung vielseitig zu gestalten. Wahr ist, dass es Lebensmittel gibt, die das Wachstum des Krebses hemmen können oder präventiv vor Krebs schützen. Ein Schutz oder eine Garantie ist dies jedoch nicht, da Krebs in seiner Ausprägung und seinen Ursachen fast so individuell ist, wie seine Wirte. Wenn du bei deinen eigenen Recherchen auf Nahrungsmittel stößt, von denen es heißt, dass sie bei Krebs helfen, dann sollte deine erste Frage sein: »Hilft das auch in meinem Fall?«

Wenn du dich dazu entschließt, deine Ernährung umzustellen, dann beachte vor allem Folgendes:

Wie hast du dich vor dem Krebs ernährt? Omnivor, vegetarisch, vegan? Egal, was auf dich zutrifft, eine zu radikale Umstellung wird deinen Körper aus der Bahn werfen. Der Vergleich mag hinken, aber wenn dein Auto einen Benzin-Motor hat, dann kannst du auch nicht automatisch Diesel oder Erdgas tanken. Wenn du vorher nur E10 getankt hast, kannst du aber ohne Probleme auf Super oder Super Plus umsteigen.

Eventuell wirst du bei deiner Suche auf die sogenannte Paleo-Diät stoßen. Die Philosophie dahinter ist, sich annähernd so zu ernähren wie es unsere höhlenbewohnenden Vorfahren getan haben. Hier gibt es sehr unterschiedliche Strömungen, die mitunter schon an eine Art „Religion" erinnern.

Als bodenständige Alternative habe ich durch eine Bekannte vor einigen Jahren „Urgeschmack" von Felix Olschewski entdeckt. Wenn du Lust hast, dir ein paar schmackhafte Rezepte anzueignen, lege ich dir seinen Blog ans Herz. Zusätzlich informiert Felix über Ernährung und Nahrungsindustrie und analysiert Ernährungshypes.

Nicht in allem, was er über seinen Blog, Podcasts und Youtube-Videos veröffentlicht stimme ich zu. Ich mag seine entspannte Art mit den Themen umzugehen und wie er sich so gar nicht um Beschränkungen kümmert.

Schau dir einfach mal seine Seite an und besuche auch seinen YouTube-Channel.

http://www.urgeschmack.de/
https://www.youtube.com/user/Urgeschmack

4.3 Hanf und Wespengift

Juhuuu! Kiffen gegen den Krebs! Na, das wäre es doch. Täglich einen Joint und der Krebs ist bald Geschichte. Schön wäre es, wenn es so einfach ginge. Was sich auf Focus Online (im Jahr 2014)[27] als Überschrift recht gut macht und sicherlich ein paar Klicks mehr verursacht hat, sollte sich jeder etwas genauer betrachten. Richtig ist: Die Cannabis-Pflanze hält seit einiger Zeit Einzug in die Medizin. Ihren Anfang machte sie zu nächst illegal bei Patienten, die dadurch ihre Schmerzen linderten. Dies liegt an der schmerzlindernden Eigenschaft des Cannabidiol. Dieser Wirkstoff hält in Form von speziellen Cannabis-Präparaten seit einem Gesetzesbeschluss von 2011 endlich auch Einzug in den deutschen Markt. Der Wirkstoff Tetrahydrocannabinol (THC) wiederum wird seit einiger Zeit klinisch eingesetzt, um Nebenwirkungen der Chemotherapie, Erbrechen und Übelkeit abzumildern.

An der Uniklinik Rostock wird seit 2008 an einer anderen Wirkung von Cannabinoiden geforscht. Diese regen ein Protein namens ICAM-1 auf den Krebszellen an. Dieses ermöglicht die Bindung von Killerzellen des Immunsystems, die die Tumorzellen zum Platzen bringen. Eine durchaus interessante Vorstellung, dass der Krebs sich durch dieses Protein, das er bildet, dann selbst vernichtet. Für mich als Laien hören sich diese Forschungsergebnisse sehr vielversprechend an. Durch die Selbstvernichtung der kranken Zellen könnten die Überreste von den

---

27 Quellle http://www.focus.de/gesundheit/ratgeber/krebs/forschung/kiffen-gegen-den-krebs-cannabis-wirkstoffe-bringen-tumorzellen-zum-platzen_id_4368951.html abgerufen 20.10.2015

körpereigenen Abwehrkräften vernichtet werden und somit im Vergleich zu Strahlen- und Chemotherapie eine sanfte Alternative bilden. Derzeit befindet sich diese Variante noch in der Grundlagenforschung. Dies habe ich auf Anfrage zum Stand der Forschung bei der Uniklinik Rostock erfahren. Bisher wurde die Wirksamkeit bestimmter Cannabinoide mit Testreihen in Zellkulturen und in Tierversuchen im Labor belegt. Noch ist die Forschung nicht soweit die Ergebnisse auf den Menschen übertragen zu können.

Mit Stand der Antwort Email vom 18.01.2016 wird bisher nur eine klinische Studie zum kombinierten Einsatz des Chemotherapeutikums Temozolomid[28] mit Cannabinoiden bei Glioblastompatienten[29] durchgeführt. Neben dem Team aus Rostock forscht außerdem der Spanier Dr. Manuel Guzmáz[30] auf diesem Gebiet.

Ganz ähnliche Ergebnisse zeigt die Forschung britischer Wissenschaftler der University of Leeds. Sie haben entdeckt, dass das Gift einer bestimmten Wespenart (Polybia paulista) bei Krebszellen einen vergleichbaren Effekt auslöst, wie es bei den Cannabinoiden der Fall ist. Hier vergrößern sich die Poren in der Membran, so dass die Krebszellen quasi auslaufen. Dieser Effekt kommt zu Stande, da die Außenseite der kranken Zellen andere Fette aufweist, als die gesunder Zellen. Auch dies könnte sich zu einer zukunftsweisenden sanften Behandlung von Krebskranken

---

28 https://de.wikipedia.org/wiki/Temozolomid abgerufen am 18.01.2016
29 Glioblastom: bösartiger Hirntumor
   http://www.netdoktor.de/krankheiten/hirntumor/glioblastom/ abgerufen am 18.01.2016
30 http://www.cannabis-med.org/index.php?tpl=faq&id=187&lng=de abgerufen am 18.01.2016

entwickeln. Je nach Stadium sogar ohne operativen Eingriff[31].

4.3 Ernährung und Nahrungsergänzung während und nach der Behandlung

Nahrungsergänzung. Ein heikles Thema. Auf der einen Seite gibt es die absoluten Befürworter und auf der anderen jene, die diese Mittel radikal ablehnen. Dazwischen scheint es kaum etwas zu geben. Je nachdem, welche Seite betrachtet wird, sind die Argumentationen durchaus schlüssig. Ich persönlich halte gute Nahrungsergänzungsmittel für eine Möglichkeit, die Nebenwirkungen von Chemo- oder Strahlentherapie abzumildern.

Die Wahrheit liegt hier vermutlich wie so oft in der Mitte. Ich bin der Ansicht, dass man von Nahrungsergänzungen keine Wunder(-heilung) erwarten sollte. Des Weiteren gilt es darauf zu achten, welche Produkte man zu sich nimmt. Auf diesem Markt bewegen sich viele Firmen und Konzerne mit sehr unterschiedlichen Herstellungsverfahren. Hier bei sollte erster stelle darauf geachtet werden, dass es sich nicht um synthetische Produkte handelt, sondern um solche, die bio-verfügbar sind. Was heißt das für dich?

Wenn du dich entscheidest Nahrungsergänzungsmittel zu nehmen, dann informiere dich, wie diese hergestellt werden. Hier kommt es darauf an, dass diese:

---

31 http://www.deutschlandfunk.de/medizin-wespengift-toetet-krebszellen.676.de.html?dram:article_id=330005

1. nicht im Labor auf synthetischer Basis hergestellt, sondern dass diese aus echten Obst und Gemüse bzw. tierischen Produkten gewonnen wurden.

2. in einem möglichst schonenden Verfahren hergestellt wurden, welches mit einem möglichst geringen Maß an Wärme auskommt.

3. nicht zum Nahrungsersatz werden. Schließlich sollen sie deine Nahrung ergänzen. Und mal ehrlich, willst du nur noch von Pulvern und Kapseln leben?

Geht das auch mit normaler Nahrung? Ja, das funktioniert. Die Frage ist nur, wie abwechslungsreich ist dein Speiseplan und was nimmst zu dir? Nicht alle Nahrungsmittel nimmt der Körper gut und schnell auf. Bist du in der Lage auch während der Chemo abwechslungsreich und ausreichend Nährstoffe zu dir zu nehmen? Kaufst du auch hochwertige Lebensmittel? Also möglichst regional, idealerweise beim Bauern und nicht die halbreif geernteten Gemüse und Früchte mit Transportwegen von über 1000 Kilometern? Diese haben zwar auch noch einen Nährwert. Dieser ist aber selten ausreichend, um den Körper mit dem nötigen Nährstoffen zu versorgen.

Es gibt immer wieder Studien, welche die Wirksamkeit von Nahrungsergänzung in Frage stellen. Doch gilt hier wie sooft der Grundsatz: Prüfe deine Quellen. Wer hat die Studie in Auftrag gegeben und finanziert? Wie wurde die

Studie durchgeführt? Was waren die Prüfkriterien? Welche Präperate wurden genau getestet?

Es sei mir an dieser Stelle ein wenig Polemik erlaubt: Wenn alle Nahrungsergänzungsmittel schlecht sind oder nicht wirken, warum werden dann in Krankenhäusern Vitaminpräparate (z.B. in bestimmten Fällen während der Chemotherapie) verabreicht?[32]

Halte mit deinem Arzt Rücksprache zu diesem Thema und hole dir bei Zweifeln eine zweite Meinung ein.

---

[32] Quelle http://www.sonnenberg-klinik.de/kuenstliche-ernaehrung.html aufgerufen 14.06.2016

4.4 Vitamin B17 (Amygdalin)

Wer nach Informationen zu diesem Vitamin sucht oder allgemein nach alternativen Methoden zur Krebsheilung, findet sich schnell auf Seiten wieder, die es als reinste Wunderwaffe gegen den Krebs propagieren. Der einzige Grund, warum es nicht eingesetzt wird, sei die Pharma-Industrie. Denn diese wolle nicht, dass dieses Wundermittel seine Wirkung entfalten kann, denn dann würden sie am Leid der Krebskranken nichts mehr verdienen.

Doch was genau ist dieses Vitamin B17 eigentlich? Entdeckt wurde diese Substanz von Dr. Ernst T. Krebs jr.[33], einem amerikanischen Wissenschaftler, der nach alternativen Heilmethoden für die Krebstherapie forschte. Die chemische Bezeichnung ist $C_{20}H_{27}NO_{11}$ und wird als cyanogenes Glycosid eingeordnet. In der Natur kommt es vor allem in Apfel- und Aprikosenkernen sowie in den Samen von Steinfrüchten vor. Durch die Spaltung dieses Glycosids entsteht im weiteren Verlauf Blausäure. Es handelt sich also hier nicht um ein Vitamin, welches Essenziel für den menschlichen Körper ist, sondern an erster Stelle um ein Pflanzegift.

Ich rate dir dringend davon ab, eine Behandlung mit diesem »Vitamin« durchzuführen. Es schadet dir unter Umständen und seine Wirkung ist laut mehrere Studien nicht nur umstritten sondern wirkungslos und bei zu hoher Dosierung auch schädlich[34].

---

33 https://en.wikipedia.org/wiki/Ernst_T._Krebs
34 https://www.krebsgesellschaft.de/deutsche-krebsgesellschaft/klinische-expertise/wissenschaftliche-stellungnahmen.html PDF: Stellungnahme Amygdalin

4.5 Psycho-Onkologie

In jedem Krankenhaus gibt die Möglichkeit die Seelsorge und auch psychosoziale Dienste in Anspruch zu nehmen. Darüber hinaus gibt es weitere Möglichkeiten mögliche psychische Folgen der Erkrankung aufzuarbeiten und zu bewältigen.

Reha-Kliniken[35] bieten nicht nur körperliche Genesungsmaßnahmen an, sondern auch Gesprächstherapien sowohl allein als auch in der Gruppe.

Es gibt Psychologen[36] oder psychologisch geschulte Heilpraktiker oder Pädagogen, die ambulante psycho-onkologische Therapien oder Begleitung anbieten. Die Kosten werden zu Teil von der Krankenkasse übernommen.

Einige Krankenhäuser bieten solche Dienste als Teil Ihrer Gesamtbetreuung schon während der Zeit im Krankenhaus an. Nicht immer werden die Patienten darüber informiert oder die Information passiert nur auf schriftlichem Weg (Infoblätter, Website, etc.). Hier gilt: Solltest du den Eindruck haben, nicht darüber informiert worden zu sein, sprich mit deinem Arzt oder dem Pflegepersonal. Sofern die Information über diese Möglichkeit schriftlich erfolgt ist, kann sie einfach an dir vorbei gegangen sein.

---

35 Suchmaschine für Reha-Kliniken
http://www.rehakliniken.de/rehakliniken/schnellsuche

36 Auswahl https://www.krebsinformationsdienst.de/wegweiser/adressen/psychoonkologen.php

4.6 Filme und Serien über den Krebs

Eine der angenehmeren Recherchearbeit zu diesem Buch bestand im Schauen von Filmen, in denen Krebs thematisieren. Dabei ist es erstaunlich, wie viele dabei auch ein gewisses Unterhaltungspotential haben. Ich habe hier eine kleine Liste meiner persönlichen Lieblingsfilme und Serien zusammen gestellt. Diese ist genreübergreifend von Komödie über Drama bis hin zum Fantastischen.

Eierdiebe

(Deutschland 2003. Regie: Robert Schwentke. Darsteller: Wotan Wilke Möhring, Leander Haußmann)

Nur einen Film habe ich entdeckt, der Hodenkrebs thematisiert und dieses wortwörtlich „bei den Eiern packt". Eierdiebe ist eine deutsche Komödie mit tiefschwarzem Humor, aber auch ernsten Momenten. Defintiv ein Film, den man sich ansehen sollte. „Tumor ist, wenn man trotzdem lacht."

Und das hab ich. Die skurrilen Charaktere, die sich hier tummeln, machen den Film zu einem Seherlebnis der besonderen Art. Wie jede Komödie nutzt auch dieser Film das Mittel der Überzeichnung, bildet dabei aber dennoch ein durchaus realistisches Bild des Krebs-Alltags.

Heute bin ich blond

(Deutschland 2013. Regie: Marc Rothemund. Darsteller: Lisa Tomaschewsky, Jasmin Gerat)

Basierend auf dem autobiographischen Roman von Sophie van der Stab. Handwerklich solide gemacht. Mit tollen Schauspielern, die ihre Rollen glaubhaft verkörpern. Der Film wird in meinen Augen realistisch erzählt, verzichtet auf unnötiges Drücken auf die Tränendrüse und ich fand schnell Zugang zu allen Figuren. Besonders beeindruckt hat mich Jasmin Gerat mit ihrer Darstellung der Chantal. Aber auch der Hauptdarstellerin nehme ich die Rolle ab. Grade wenn der Krebs jemand so junges heimsucht, kann ich mir sehr gut nachfühlen, dass man hin- und hergerissen ist zwischen ärztlichem Rat und dem Trotzdem-Weiterleben.

Das Beste kommt zum Schluss

(USA 2007. Regie: Rob Reiner. Darsteller: Jack Nicholson, Morgan Freeman)

Für mich einer der wunderbarsten Buddy-Movies mit den beiden Altmeistern Morgan Freeman und Jack Nicholson. Durch diesen Film erlangte der Begriff „Löffel-Liste" seinen Bekanntheitsgrad. Zwei Menschen, wie sie unterschiedlicher nicht sein können, lernen sich in einer Ausnahmesituation kennen und schließen auf ihre letzten Tage eine innige Freundschaft. Ein Buddy-Movie der besonderen Art.

Big Fish

(USA 2003. Regie: Tim Burton. Darsteller: Ewan McGregor, Helena Bonham Carter)

Tim Burton (oder Besser David Wallace, der die Romanvorlage schrieb) hat hier die Krebserkrankung als Ausgangspunkt genommen und ein fantastisches Werk geschaffen um die Welt aus der Perspektive eines Träumers zu schildern. Das Kernthema ist hier ein klassischer Vater-Sohn-Konflikt zwischen dem in seinen Geschichten lebenden Edward Bloom und seinem realistischen Sohn William, der als Kind zwar gern den Geschichten seines Vaters lauschte, sich später aber fragte ob und wie viel Wahrheitsgehalt in den Geschichten seines Vaters steckt. Wer die skurrilen Bilderwelten eines Tim Burton mag, findet hier einen zauberhaften Film.

The Fountain

(USA 2006. Regie: Darren Aronofsky. Darsteller: Hugh Jackman, Rachel Weisz)

Hugh »Wolverine« Jackman in einer Reise durch die Zeit, hoch-philosophisch. Das Krebsthema erahnt man hier nur am Rande. Eher schwere Kost, aber bildgewaltig und episch in Szene gesetzt. Empfehlung für einen regnerischen Sonntag mit Tee, Kakao und Keksen.

50/50 Freunde fürs (Über)leben

(USA 2012. Regie: Jonathan Levine. Darsteller: Joseph Gordon-Levitt, Seth Rogen)

Ruhig erzählte Tragikomödie, die zu keinem Zeitpunkt kitschig wirkt. Empfehlung vor allem dann, wenn du als Außenstehender nachvollziehen möchtest, wie Krebskranke auf bestimmte Situationen und Verhaltensweisen in ihrem Umfeld reagieren und dazu empfinden.

Der Klang von Eiswürfeln

(Frankreich 2010. Regie: Betram Blier. Darsteller: Jean Dujardin, Albert Dupontel)

Noch eine Komödie. Diesmal eine tiefschwarze aus Frankreich, die leicht ins Fantastische geht. Fast könnte man meinen, es handle sich dabei um eine verschrobene »Jedermann«-Version ohne dabei allzu moralisch zu werden. Eines Tages klingelt es beim alkoholsüchtigen, ehemaligen Erfolgsautoren Charles an der Tür seines Landsitzes. Der unerwartete Gast stellt sich als sein Krebs vor, den Charles von nun an ständig in seiner Nähe hat. Aufgrund der wenigen Darsteller und des bis auf kleine Ausnahmen nicht wechselnden Handlungsortes erinnert dieser Film streckenweise an eine Theaterinszenierung. Trotz teilweise philosophischer Dialoge nie dröge oder langweilig. Nichts für zarte Gemüter. Die Lacher blieben sogar mir an einigen Stellen im Hals stecken. Sehenswert ist er in jedem Fall.

Das Geheimnis des Mr Rice

(USA 2000. Regie: Nicholas Kendall. Darsteller: Bill Switzer, David Bowie)

Der 12 Jahre alte Owen hat Krebs. Er selbst und seine Eltern vermeiden die Auseinandersetzung mit der Krankheit und versuchen diese zu ignorieren. Als der geheimnisvolle und väterliche Freund Mr Rice unerwartet verstirbt, wollen Owen Eltern nicht, dass er die Beerdigung besucht. Ein Ring, den Mr Rice dem Jungen anvertraut hat, führt ihn zu einem Brief. Als er diesen entschlüsselt, beginnt für ihn eine sonderbare Reise.

Ein weniger bekannter Film mit David Bowie als Mr Rice. Philosophisch mit fantastischen Elementen. Die langsame Erzählstruktur ist gewöhnungsbedürftig. Dennoch ein Film, der sich lohnt. Bei der Entstehung dieses Buches war der Film nicht auf DVD oder Blu-Ray in deutscher Synchronisation erhältlich. Jedoch findet man die englische Original-Version als UK-Import oder im Internet bei diversen Streaming-Diensten, wie Youtube.

Club der roten Bänder

(Serie, Deutschland 2015, nach der Vorlage des Autors Albert Espinosa)

Der Sender VOX nimmt sich in seiner ersten fiktionalen Eigenproduktion eines schwierigen Themas an: Jugendliche Dauerpatienten.

Im Mittelpunkt stehen Leo, Jonas, Alex, Emma, Toni (der Schlaue) und Hugo. Leo und Jonas teilen das gleiche Schicksal. Was Jonas in der ersten Folge noch bevorsteht, hat Leo bereits hinter sich. Durch den Krebs muss ihm ein Bein amputiert werden. Emma wird wegen Essstörungen behandelt und Alex hat ein Herzleiden. Toni, von seinem Großvater immer als „etwas besonderes bezeichnet, hatte einen Unfall mit einem Moped nach dem er im Gegensatz zu den anderen „eine grade Kurve" gefahren ist, so seine Begründung.

VOX bezeichnet seine Eigenproduktion als Dramedy. Eine Mischung aus Drama und Komödie. Die Reaktionen bei Kritikern und Publikum waren zum Auftakt der Serie überwältigend. Innerhalb einer Woche hatte die Facebook-Präsenz schon über 70.000 Abonnenten.

Die Serie ist in meinen Augen sehenswert. Eine angenehme Abwechslung im Einerlei der Soaps und Scripted Realities der Privaten. Die meist jungen Darsteller wirken zu Anfang zwar noch hölzern, finden sich aber mit jeder Folge besser in Ihre Rollen. Leider wird ein wenig realistisches Bild des Krankenhaus-Personals abgebildet. Es ist weniger ein Bild wie das Personal ist, sondern wie sie sein könnten, wenn es ihre Zeit erlauben würde. Die Nebenrollen sind meist recht eindimensionale Stereotypen (die aufopferungsvolle Mutter, die treue Schwester, der auf Erfolg gepolte Workaholic-Vater). Sehenswert und fesselnd ist die Serie alle mal.

4.7 Buchempfehlungen

110 wirksame Behandlungsmöglichkeiten bei Krebs - Schulmedizin und sinnvolle Alternativen nutzen

Autor: Dr. med. György Irmey
Verlag: Trias
ISBN-10: 3830439776
ISBN-13: 978-3830439776

Die meisten Bücher zur alternativen Medizin, die mir während der Recherche in die Hände fielen, habe ich nach kurzer Zeit beiseite gelegt, da sie in meinen Augen viel zu viel Zeit damit verschwenden, gegen die Schulmedizin und die Pharmaindustrie zu wettern. Nicht so dieses Buch. Der Autor sucht hier das Bindeglied zwischen Schul- und Alternativmedizin. Dabei stellt er unterschiedliche Therapieformen vor und wertet diese auf ihre Wirksamkeit aus. Trotz des langen Titels eine absolute Leseempfehlung.

Krebs, go home: Friedensverhandlungen mit Körper, Geist und Seele

Autor: Uwe Kapfer
Verlag: Kailash
ISBN-10: 3424630918
ISBN-13: 978-3424630916

Geschrieben von einem ehemaligen Bundeswehroffizier. Ich fand die Herangehensweise interessant. Herr Kapfer beschreibt, wie er mit seinem Krebs wie mit einem Gegner verhandelt und begibt sich dabei gleichzeitig auf eine Reise zu sich selbst. Es ist ein spirituell angehauchtes Buch, das man aus der Feder eines ehemaligen Soldaten nicht unbedingt erwartet. Zeitweise störten mich zwar die Hinweise darauf, wie erfolgreich er auch in dieser Zeit mit Job als Selbstständiger war. Sieht man darüber hinweg, zeigt er durchaus interessante ergänzende Wege auf, sich psychisch und emotional mit dem Krebs auseinander zusetzen.

Heute bin ich blond

Autor: Sophie van der Stap
Verlag: Knaur
ISBN-10: 3426785994
ISBN-13: 978-3426785997

Wenn der Film Erwähnung findet, darf das Buch nicht fehlen. Der autobiographische Roman liest sich flüssig und ist frei von Selbstmitleid. Man folgt der Protagonistin durch die Höhen und Tiefen. Die Form eines Tagebuchs verleiht ihrer Geschichte dabei die nötige Authentizität.

Wilde, schöne Krebskriegerin: Mein verrücktes Leben mit dem Krebs

Autor: Kriss Carr
Verlag: Aurum in J. Kamphausen
ISBN-10: 3899017977
ISBN-13: 978-3899017977

Bei Kriss Carr wurde unheilbarer Krebs in Leber und Lunge diagnostiziert. Sie hat nicht aufgegeben und lebt heute immer noch, den Krebs hat sie ohne Schulmedizin besiegt. Während ihres Kampfes gegen den Krebs hat sie eine Dokumentation gedreht und viele Bücher geschrieben. Dieses erzählt von ihrem Weg den Krebs zu besiegen. Es macht Mut. Vor allem dann, wenn die Medizin aufgibt.

Danksagung:

An dieser Stelle möchte ich mich bei all jenen bedanken, die mich während der Entstehung dieses Buches unterstützt und begleitet haben.

Der Band »Die Höhner« und Frau Mostart für die Erlaubnis, aus dem Lied »Wenn nicht jetzt, wann dann« zitieren zu dürfen.

Der Band ASP und Bettina für die Erlaubnis, aus dem Lied »Die Ballade vom kleinen schwarzen Schmetterling« zitieren zu dürfen.

Meinen Eltern und meiner Schwester

Meiner besten Freundin Corina für die Idee der Interviews

Peter für sein stets offenes Ohr, seine etwas andere Sicht der Dinge und zusätzliche Impulse für das Drumherum

Heidi für das Lektorieren und die vielen hilfreichen und zum Teil sarkastischen Kommentare, dank derer ich während der Überarbeitungsphase ich viel über mich selbst lachen und so einiges noch mal umschreiben konnte.

Franziska »Feric« Rauch für das wunderschöne Cover und das geduldige Nachbearbeiten meiner Wünsche.

Meiner Freundin Yulia für ihre Geduld, wenn mich mal wieder die Schreibwut packte.

Allen Interviewpartnern für Ihre Zeit und allen Menschen, die mich in dieser Zeit unterstützt haben.

Ein Anliegen:

Die Interviews waren allesamt sehr spannend für mich. Außerdem habe ich gemerkt, dass ein hoher Redebedarf und -wille vorhanden ist. Deshalb möchte ich gerne weitere Gespräche führen und über meinen Blog veröffentlichen. Egal ob Patient, Angehöriger oder Krankenpfleger: Wenn du Interesse hast, mir deine Geschichte zu erzählen, freue ich mich über eine Nachricht von dir. Besuch meine Internetseite oder kontaktiere mich auf Facebook:

www.tobiasdresen.com/contact.html
https://www.facebook.com/tobiasdresenoffical/

Über den Autor

Tobias Dresen, Jahrgang 1979, wurde im Rheinland geboren und studierte in Potsdam Kommunikationswirt.

Seit 2015 lebt und arbeitet er in Hannover.

© Photo: Sascha Storz Photodesign
www.saschastorz.de